eビジネス新書

No.346

週刊東洋経済

マンションのリアル

週刊東洋経済eビジネス新書　No.346

マンションのリアル

本書は、東洋経済新報社刊『週刊東洋経済』2020年3月14日号より抜粋、加筆修正のうえ制作しています。情報は底本編集当時のものです。このため、2020年2月以降の新型コロナウイルス感染症による経済や社会への影響は反映されていません。（標準読了時間　120分）

マンションのリアル　目次

なぜこんなに高いのか

様変わりした分譲マンション市場

「モデルルーム来場者のキャンセルが相次いでいる」。そうぼやくのは大手デベロッパーの幹部。新型肺炎の影響で2020年2月下旬の3連休から来場者が急減した。現地見学会などのイベントの中止も相次ぐ。だが消費者にしてみれば、こうして客足が遠のけば物件価格が下がるのでは、という期待を抱ける。それほどまでに今のマンション市場は過熱している。

東京の食を支えた築地市場。豊洲へ移転したことで2018年に場内市場は営業を終えた。だが、周辺でのマンション開発は一段と活発化した。築地エリアではマンションだけで5棟が開発されている。大和ハウス工業と旭化成不動産レジデンスに至っては、モデルルームを開設しているビルまで同じだ。

どのモデルルームでも「周辺のマンションは見学されましたか」と営業担当者が来場者に水を向けるなど、他社の動向に神経をとがらせる。そんな中、突如「白旗」が揚がった。

「販売計画見直しのご案内」。2019年11月、大成有楽不動産のホームページにこんな文言が躍り、「オーベルアーバンツ銀座築地」の販売中止が告げられた。後を追うように、20年1月にはワールドレジデンシャルなどの「レジデンシャル築地」も販売が中止された。いずれのマンションも、資料請求やモデルルームの案内を開始していたにもかかわらずだ。

同じ現象は東京西部の三鷹市でも起きている。三鷹駅周辺では三菱地所レジデンスなど4社が同時期に分譲マンション販売を行っていた。だが20年1月、JR西日本プロパティーズが「プレディア武蔵野中町」の販売を中止した。

築地と三鷹。2つのエリアのマンション供給動向は、過熱する今のマンション市場を象徴している。

人気の「売れる街」で販売中止が相次ぐ

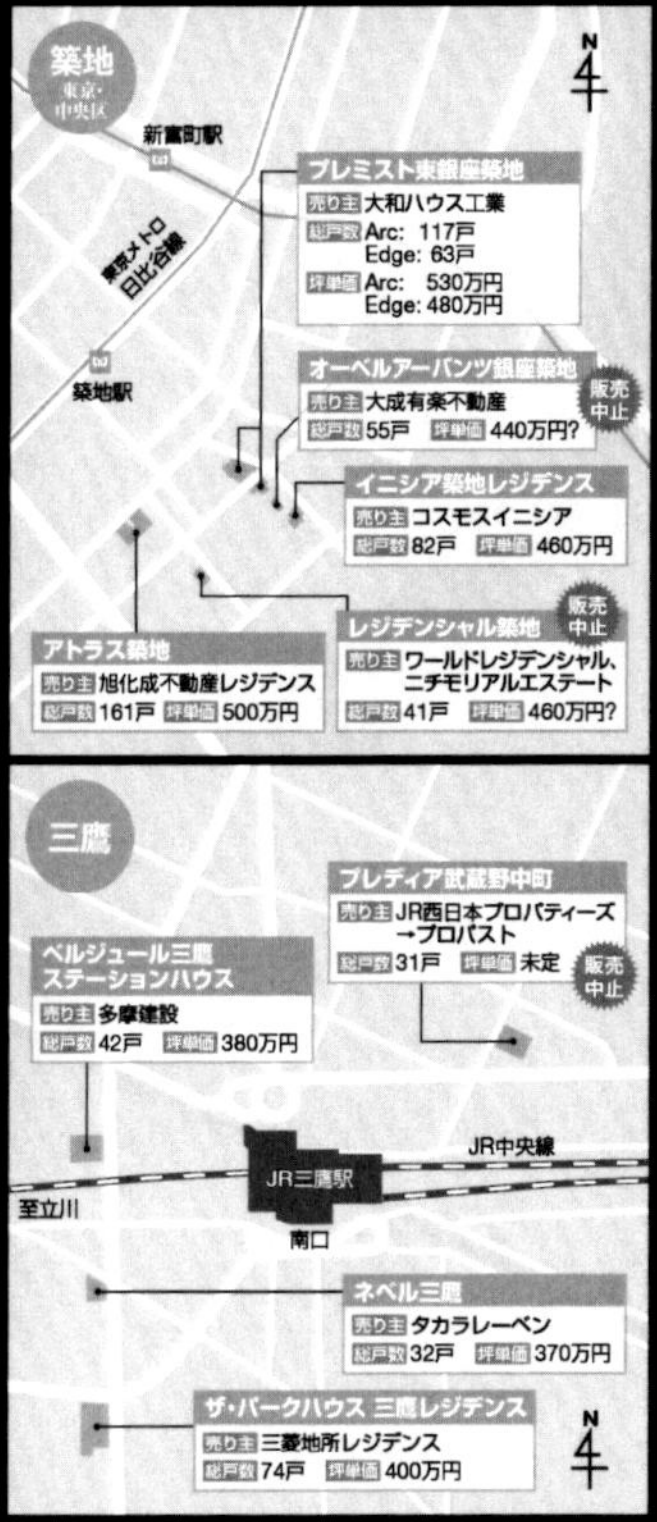
築地
東京・中央区
N
新富町駅
東京メトロ日比谷線
築地駅
プレミスト東銀座築地
売り主 大和ハウス工業
総戸数 Arc: 117戸
Edge: 63戸
坪単価 Arc: 530万円
Edge: 480万円
オーベルアーバンツ銀座築地
販売中止
売り主 大成有楽不動産
総戸数 55戸 坪単価 440万円?
イニシア築地レジデンス
売り主 コスモスイニシア
総戸数 82戸 坪単価 460万円
レジデンシャル築地
販売中止
売り主 ワールドレジデンシャル、ニチモリアルエステート
総戸数 41戸 坪単価 460万円?
アトラス築地
売り主 旭化成不動産レジデンス
総戸数 161戸 坪単価 500万円
三鷹
プレディア武蔵野中町
売り主 JR西日本プロパティーズ→プロパスト
総戸数 31戸 坪単価 未定
販売中止
ベルジュール三鷹ステーションハウス
売り主 多摩建設
総戸数 42戸 坪単価 380万円
JR中央線
JR三鷹駅
至立川
南口
ネベル三鷹
売り主 タカラレーベン
総戸数 32戸 坪単価 370万円
ザ・パークハウス 三鷹レジデンス
売り主 三菱地所レジデンス
総戸数 74戸 坪単価 400万円
N

（注）坪単価は取材に基づく

原価高騰が直撃

販売価格高騰の要因は、1つは共働き世帯が増え、住環境より利便性を重視する風潮が強まり、デベロッパーが供給エリアを厳選するようになったことだ。長谷工総合研究所によれば、2019年に首都圏で供給されたマンションのうち、駅徒歩5分圏内の割合は44%。2000年は29%、2010年は38%と、「駅近」志向は年々強まっている。

三鷹は東京23区外ではあるものの、JR中央線および総武線という人気の路線が通る。リクルート住まいカンパニーの「住みたい街ランキング」でも、比較的上位に名を連ねる。

徒歩10分以内が8割以上に
—首都圏新築マンションの駅距離別供給割合—

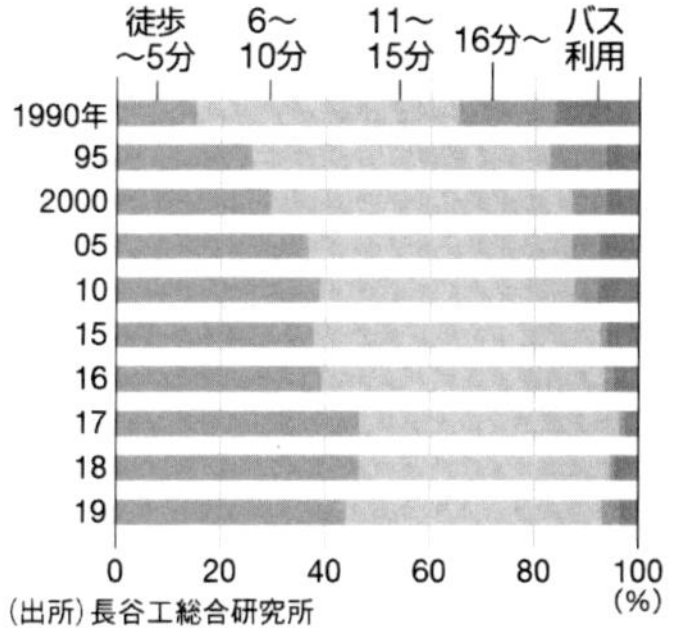

(出所)長谷工総合研究所

好立地だと中古でも高評価

—首都圏築10年中古マンション
最寄駅からの所要時間別リセールバリュー—

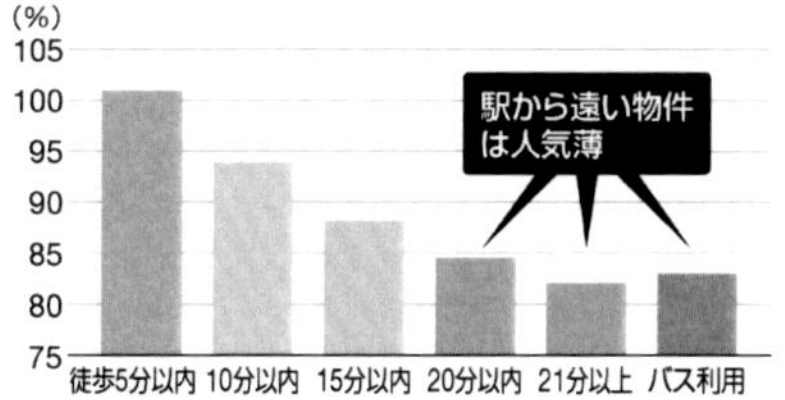

(注)2007~09年に新規分譲され、18年に中古流通したマンションが対象。専有面積30㎡未満の住戸および事務所・店舗用ユニットは除外。リセールバリューは中古価格の新築時価格比　(出所)東京カンテイ

銀座まで徒歩圏内という好立地の築地は、さらに複雑な事情を抱える。「中央区の政策のせいですよ」。沸き立つ開発の背景を、モデルルームの営業担当者が解説する。人口減少に危機感を抱いていた中央区は、1990年代にマンションの容積率を緩和した。これを契機にマンションが急増、2017年には人口が16万人にまで膨張した。すると今度は、容積率緩和措置の撤廃へと再び舵を切ったのだ。

新制度の適用は19年7月から。それまでに着工しなければ容積率緩和が適用されず採算が狂う――。そう考えたデベロッパーは、われ先にと「駆け込み供給」を行った。これが供給ラッシュの真相だ。

もう1つは原価の高騰だ。消費者の需要は都心や駅近といった用地代の高い立地に偏っている。一度買ったマンションを終の住処にせず、結婚や出産などライフステージの変化に伴って買い替えることを見込む消費者が増えた。売却が前提なら利便性が高いほどよい。

ところが、駅から近い土地は住宅以外の用途とも競争になる。入札でホテル業者に負けることも多かった。取得競争にもまれ、用地代は吊り上がっていく。

マンションのもう1つの原価である建築費も高騰が続く。東日本大震災以降の復興需要に大型再開発が重なり、大手ゼネコン4社（大林組、鹿島、大成建設、清水建設）の手持ち工事高は19年末時点で7・3兆円にも上る。リーマンショック後のように、仕事に飢えたゼネコンが安値で工事を受注することはしばらく考えづらい。足元では人手不足や働き方改革による工期延長という要因が重なり、コストが下がる気配はない。

分譲マンション事業では一般的に粗利は2割が目安だ。そこからモデルルームの建設費や営業担当者の人件費などの経費を引いた残りがデベロッパーの利益となる。用地代および建築費という「原価」が高騰する中、マンションの販売価格はおのずと上昇していく。

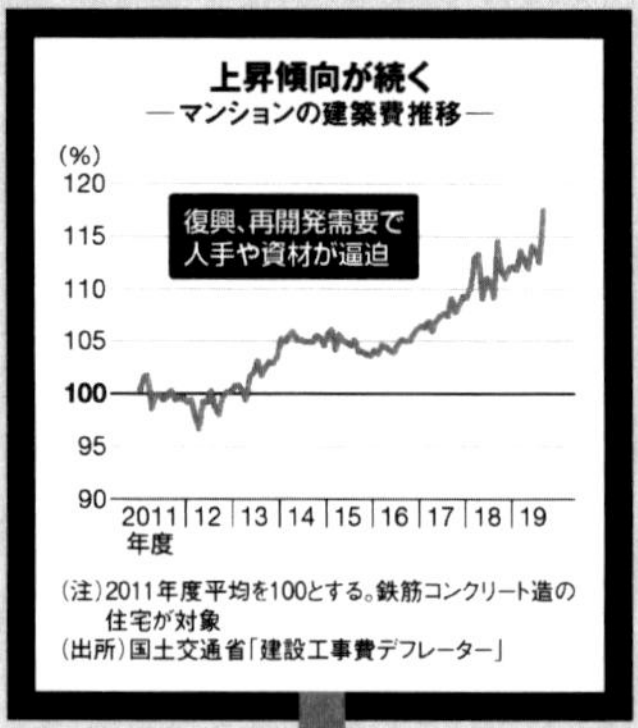
上昇傾向が続く
―マンションの建築費推移―
(%)
120
115
110
105
100
95
90
復興、再開発需要で
人手や資材が逼迫
2011 12 13 14 15 16 17 18 19
年度
(注)2011年度平均を100とする。鉄筋コンクリート造の住宅が対象
(出所)国土交通省「建設工事費デフレーター」

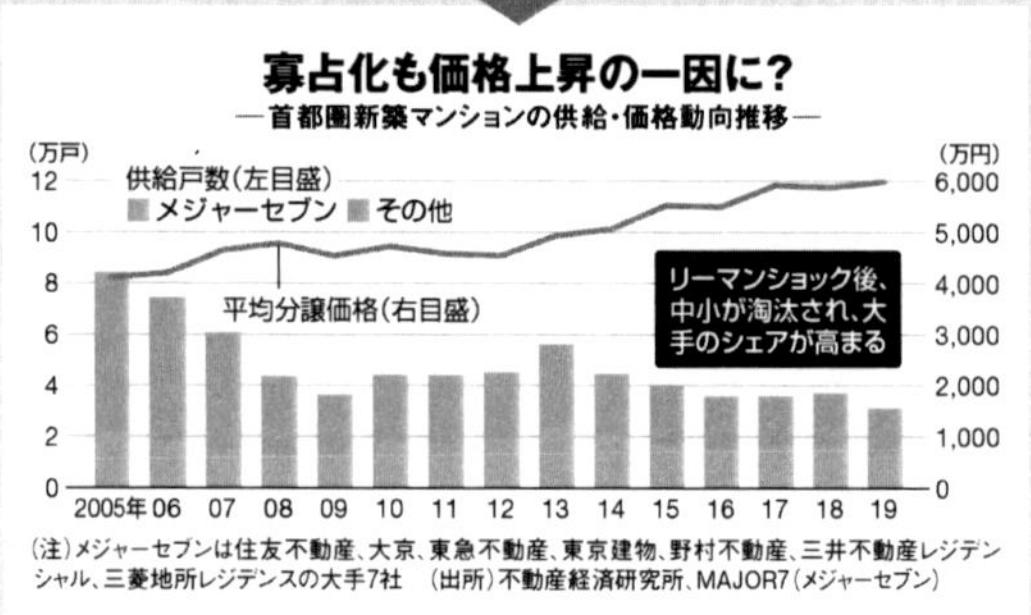
寡占化も価格上昇の一因に?
―首都圏新築マンションの供給・価格動向推移―
(万戸)
(万円)
供給戸数(左目盛)
メジャーセブン
その他
平均分譲価格(右目盛)
リーマンショック後、
中小が淘汰され、大
手のシェアが高まる
12 10 8 6 4 2 0
6,000 5,000 4,000 3,000 2,000 1,000 0
2005年 06 07 08 09 10 11 12 13 14 15 16 17 18 19
(注)メジャーセブンは住友不動産、大京、東急不動産、東京建物、野村不動産、三井不動産レジデンシャル、三菱地所レジデンスの大手7社
(出所)不動産経済研究所、MAJOR7(メジャーセブン)

今後はどうなるのか。新型肺炎の影響が気になるところだが、デベロッパー各社は「値下がりは限定的だ」と口をそろえる。リーマンショックを経て、資金回収のためなら投げ売りも辞さない新興デベロッパーは淘汰された。1社が安値で供給すると、エリア一帯がその価格につられてしまうが、昨今のマンション供給は体力のある大手が主役。利益率を重視し、過度に売り急ぐ必要はなくなった。

利益率を突き詰めると、「儲かるなら分譲マンションでなくてもよい」という結論に至る。築地や三鷹での販売中止も、この流れで起きた出来事だ。

脱「分譲マンション」

築地でのマンション販売を中止した大成有楽不動産およびワールドレジデンシャルは、理由を明らかにしていない。考えられるのは、他社に1棟売りを行ったことだ。多くは機関投資家が賃貸物件として取得したり、事業会社が社宅として利用したりする。「競合が増え分譲販売が厳しくなるなら、1棟で売却してしまおう」と判断した可能性がある。

取材によれば、三鷹のマンションは不動産開発会社のプロパストが購入し、再販するもようだ。売り主、買い主ともコメントを避けたが、JR西日本プロパティーズの幹部は「高値で買ってくれる会社があった」と打ち明ける。

分譲マンションは景気変動による利益の振れ幅が大きいため、デベロッパー各社は、分譲マンションに頼らない収益源の多様化を進める。野村不動産は柱の分譲マンション「プラウド」に加え、賃貸マンション「プラウドフラット」やサービス付き高齢者向け住宅「オウカス」を開発している。東急不動産は、2016年に学生寮運営会社を買収。管理室数を拡大させている。

平成バブル崩壊時、住宅価格が暴落する一方で、家賃の下落は緩やかだった。その意味で、賃貸マンションやその発展型である高齢者向け住宅や学生寮は、安定収益源として魅力だ。系列のファンドやREIT（不動産投資信託）などに売却すれば、運用報酬も積み増せる。分譲マンションが売れていなくても、かつてほど困らない体質づくりを進めているのだ。

新型肺炎の影響は見通せないが、足元で投げ売りに走るデベロッパーは見当たらない。マンションは結婚や出産などライフイベントによってそれぞれの買い時がある。価格が高騰した今、物件選びは慎重にしたい。広告や営業トークに惑わされないマンションの本当の姿を解剖する。

（一井　純）

減り続けるマンションの青田売り

「青田売り」とは、マンションの建設中から販売を開始し、竣工までに全住戸を売り切るというもの。かつてはそれが新築分譲マンション販売のセオリーだった。それが今、変わりつつある。

東京カンテイの調査によれば、大手デベロッパーが首都圏で分譲したマンションのうち竣工後も販売を継続していた物件の割合は、2018年で52％。10年前は37％、20年前は10％で、竣工後販売の割合は確実に増えている。

背景には、価格高騰で消費者がマンション選びを慎重に行うようになったことがある。供給側も体力のある大手デベロッパーが中心となり、売り急ぐ必要がなくなった。

マンション販売では、好不調の目安として「初月契約率」が注目される。不動産経済研究所が毎月発表している指標で、その月に供給されたマンションのうち何割が契約に至ったかを示す。一般的に70％が好不調の境目とされる。

これに対してデベロッパーからは「初月契約率は役目を終えた」という声が上がる。近年は70％を下回ることが常態化しているが、各社は早期完売より利益率重視に舵を切っており悲壮感はない。

初月契約率を表示することの悪影響も出始めている。筆頭は住戸を「小出し」にすることだ。デベロッパーは分譲マンションを「第1期」「第2期」と分けて販売する。最近は「第1期1次」とさらに刻むことも少なくない。長谷工総合研究所によれば、19年は1回当たり供給戸数の6割以上が10戸未満。発売初月の契約率が低いと販売不調とされるため戸数を絞っているのだ。

しかし、小出しになると、購入検討者にしてみれば欲しい住戸をすぐに買えなくなり、デベロッパーとしても販売がさらに長期化しかねない。

18年12月には初月契約率が49％と異例の低さとなったが、これは長期販売の代表格である住友不動産が大量にマンションを供給したためだ。市場の姿を正確に捉えるべく、新たな物差しが必要になっている。

販売スピードは鈍化する一方
—初月契約率と竣工後の販売継続割合—

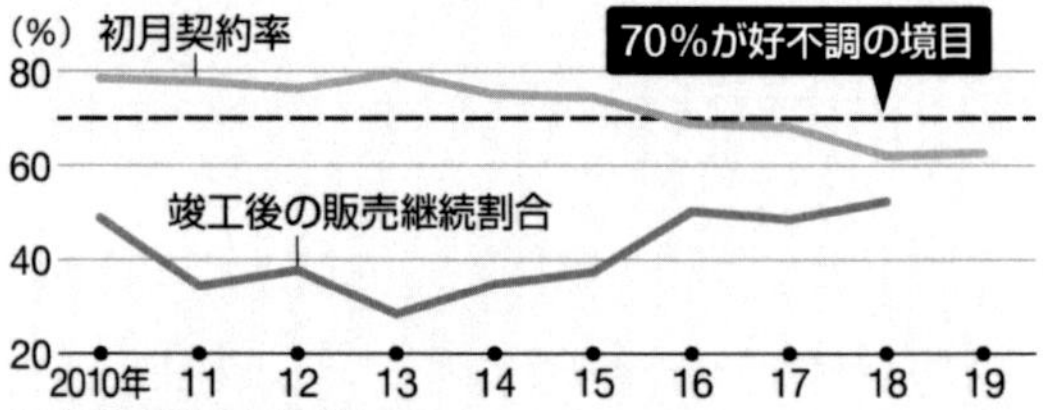

(注)対象は首都圏新築マンション
(出所)初月契約率は不動産経済研究所、販売継続割合は東京カンテイ

小出し供給がトレンドに
— 新築マンションの1回当たり供給戸数 —

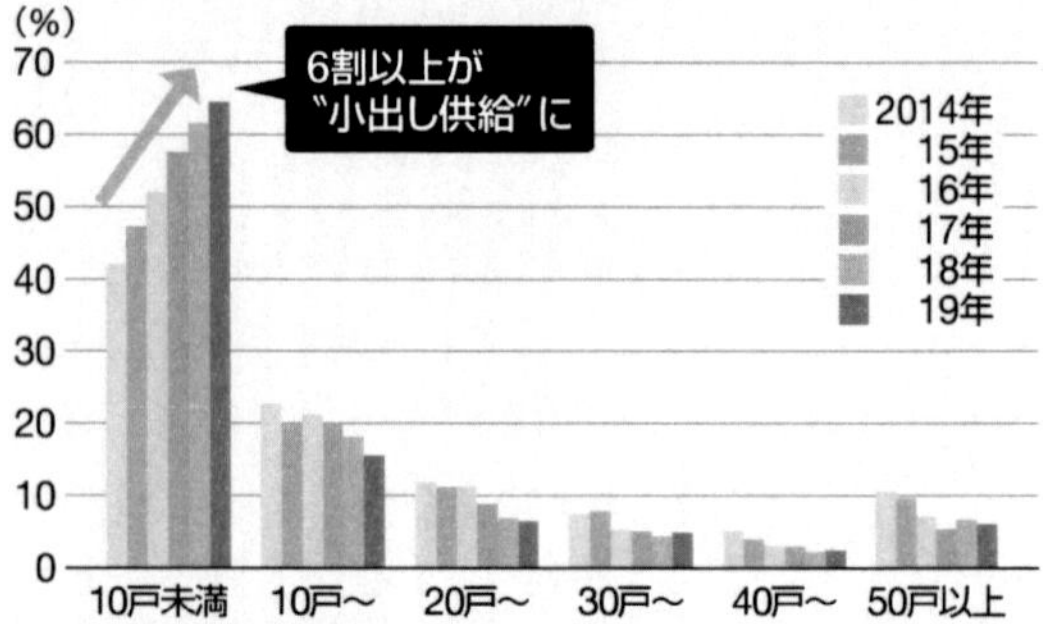

(出所)長谷工総合研究所

価格高騰で面積を縮小　変わる「自宅」の役割

新築または中古のマンションを購入する際にチェックすべき点はいくつもある。今、最も注目すべきは「広さ」だ。

新築分譲マンション「ソルフィエスタ堀切菖蒲園」――。京成本線「堀切菖蒲園」駅から大通りを南東に進んだ東京都葛飾区の一角で地場デベロッパーが建設を進めている。間取りはファミリー向けが中心。注目は、低層部なら3LDKでも4000万円強という若年層でも手が届く価格設定だ。

ただし、3LDKといっても、実際の専有面積は54・37平方メートルしかない。以前なら2LDKで売り出されている面積だ。廊下を短くしたり、柱を外に出したりするなど工夫の跡はあるものの、LDK（リビング・ダイニング・キッチンの合計）

は約11・1帖とやや窮屈だ。モデルルームの営業担当者は、「しばらくはLDKとその隣の洋室を一緒に使い、お子さんが大きくなったら広い住戸に買い替えるのもお勧めです」と、2LDKのような使い方を勧める。

広さより価格の時代

狭いのに3LDKというのは、昨今のマンション市場を象徴している。用地代や建築費といったマンションの原価が上昇する一方、購入者の予算は増えていない。そこで、部屋の面積を小さくして単価を抑えることが、新築マンションのトレンドとなりつつある。冒頭のマンションが仮に65平方メートルだった場合、販売価格は5000万円を超え、購入可能な世帯はぐっと減ってしまう。

マンション調査会社のトータルブレインによれば、リーマンショック以前は首都圏で供給された新築マンションのうち、3割超が80平方メートル以上だった。それが現在では1割強にとどまり、代わりに60平方メートル台の住戸が2007年の16・7%から19年には23・2%へと増加した。

■ 価格高騰で面積は縮小傾向

―首都圏マンションの平均専有面積―

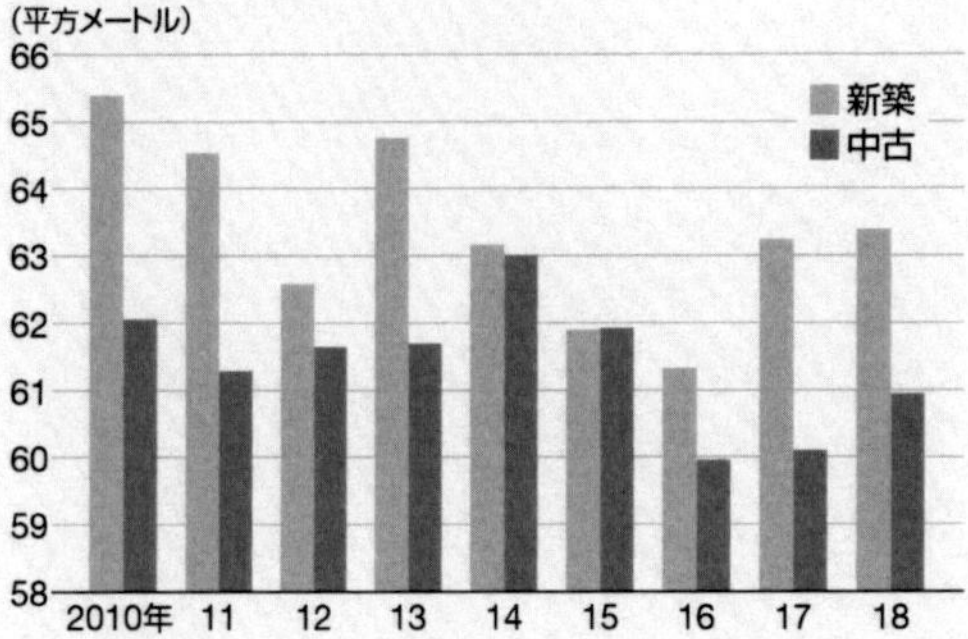

(出所)東京カンテイ

２０１９年販売が始まった大規模マンション「ＨＡＲＵＭＩ　ＦＬＡＧ」は、東京五輪の選手村跡地という開発経緯だけでなく、「３ＬＤＫ８０平方メートル台」という広さが話題を呼んだ。だがこれは、一昔前なら当たり前の広さだ。

中古市場で流通している物件に比べ、今の新築はリビングを筆頭に各部屋の面積が縮んでいる。さらにリビングに接する洋室には、多くの場合ウォールドア（引き戸）が採用されている。これを開け放つことでリビングとの仕切りがなくなり、狭いながらも開放感を演出できるためだ。

収納スペースの縮小も激しい。和室がなくなり、押し入れも消滅。それとともに、従来ならクローゼットを配置していた部分まで居室に割いている。ＷＩＣ（ウォークインクローゼット）とうたいつつ、実際はＷＩＣ内での身動きもままならないほどに狭い物件も珍しくない。

さらに、従来なら間取り図ではＬＤとＫがそれぞれ独立して面積が記されていたが、最近は合わせて記す広告が増えている。キッチンの面積分だけリビングを広く見せたい、というデベロッパーの涙ぐましい努力が垣間見える。

用地代などの原価がさらに上昇すれば、デベロッパーはより一層の面積縮小を検討せざるをえない。目下、大手デベロッパーは「3LDKの限界値は60平方メートル台半ばあたり。居室や収納、キッチンの面積などで社内規定に準ずると、60平方メートルを切る3LDKは難しい」(三井不動産レジデンシャルの小林幹彦都市開発二部長)と話す。

だが、ある大手デベロッパーの首脳は、「欧米のように玄関を小さくし、浴室もシャワーだけにすれば1坪節約できる」と打ち明ける。大手でも、50平方メートル台のファミリー向け住戸が登場するのは、時間の問題かもしれない。

国は「多様なライフスタイルを想定した場合に必要と考えられる住宅の面積」として、都市部のマンションなら2人世帯で55平方メートル、3人世帯で75平方メートルと、住生活基本計画で規定する。デベロッパーの最近の動きは購入者の予算に合わせるための苦肉の策とはいえ、国の理想からは程遠い。

また、業界団体である不動産公正取引協議会連合会は「LDK」の表示に必要な最低面積を2LDK以上なら10帖(16・2平方メートル)と11年に定めている。今やその最低面積に近づきつつある。

部屋の機能を外注

面積を狭くしたことによって部屋から失われた機能について、デベロッパーは「外注」することで補おうとしている。

野村不動産や東京建物といった大手デベロッパーの新築マンションで導入が相次いでいるのは、ベンチャー企業「データサイエンスプロフェッショナルズ」が展開する宅配型トランクルームの「シェアクラ」だ。段ボール1箱から私物をトランクルームに保管できる。「新築マンションの収納スペースが減少しているため、自宅の収納と同じような感覚で利用できる収納サービスを目指したい」(同社)。

三菱地所も同様の収納サービスを展開する「サマリー」へ、18年に約9・4億円を出資した。すでに三菱地所が保有する都内の賃貸マンション2棟へ導入されているが、今後は新築マンションへの導入も視野に入れているという。

外注以外に、マンションの共用施設で住戸の機能を補完しようとする動きも進みつつある。大規模マンションでは共用施設のラウンジが住戸の応接室、ゲストルームが親族や友人が訪れた際の宿泊部屋として機能している。

三菱地所レジデンスの浦手健司第三計画部長は、「働き方改革の影響で、マンション内にコワーキングスペースやスタディールームを設ける物件が今後増えてくるだろう」と見通す。実際、同社が販売中の「ザ・パークハウス オイコス鎌倉大船」では、共用施設のライブラリーラウンジに、コンセントの付いたテーブルを設置している。

さらにデベロッパーからは「ライフスタイルが変化し、広い部屋を必要としない人が増えている」という声も上がる。夫婦共働きで日中は家に人がおらず自宅は寝に帰るだけという人が増え、子のいない世帯も多い。所有する私物が減り、収納もかつてほど必要なくなっている。つまり面積の狭い物件が増えているのはニーズに合わせてのことだというのだ。

2020年も用地代と建築費が下がる兆しはない。面積は減りこそすれ増えはしないだろう。新築マンションは「うさぎ小屋」の色合いを一層強めている。

（一井　純）

「マンションの達人」が伝授　見るべきポイントはここ！

ブログ「マンションマニア」管理人・星　直人

私は2002年ごろからマンション研究を始め、これまでに訪問した新築マンションのモデルルームは1000件を優に超える。現在は「マンションマニア」という名義で、同名のブログを運営・管理し、マンション評論家兼ブロガー、最近はユーチューバーとしても活動している。

単にモデルルームを訪問するだけではない。私自身、2006年から現在まで計9回もマンションを購入してきた。うち7回は新築だ。ここでは購入者の目線で、モデルルーム訪問の勘所を紹介する。

土地取得経緯を必ず聞く

モデルルームに入ると、まず商談席へ通され、アンケートの記入を促される。住所や勤務先、他社物件の検討状況など根掘り葉掘り聞かれる。面倒とは思うが、できる限り記入しておいたほうがよい。営業担当者はアンケート結果を基に、客がどんな点を重視しているか、このマンションを買う気がどこまであるかなどを見極めるからだ。あまり買う気のない客への担当者の対応はおざなりになりがちだ。最近は紙ではなく、タブレットで回答する物件も増えてきた。

記入が終わると、担当者によるプレゼンテーションが始まる。説明を一方的に聞くだけでなく、疑問に思った点や知りたいことがあれば、こちらからどんどん質問していこう。私の場合、必ずする質問がある。土地の取得経緯だ。

これに対する回答は、大きく分けて2つある。「入札」と「相対（あいたい）」だ。入札であれば、その業者が最高値をつけて土地を取得していることが多い。好立地であればホテル業者などとも競争することになり、高値づかみになっている可能性がある。

一方、相対であれば地主との直接交渉によって土地を買ったので、競争で価格が吊り上がっている心配が少ない。これまでの私の経験でいえば、入札のマンションは周辺相場に比べて価格が割高、相対なら適正価格のことが多い。

マンション価格はおおむね次の計算式で決まる。

マンション価格 ＝ 土地取得費用 ＋ 建物建築費 ＋ 販売活動費 ＋ 利益

つまり土地取得費用が高いと、設備・仕様のグレードを落として建物建築費を抑えるか、販売活動費や利益を削るかしない限り、マンション価格は高くなる。土地の取得経緯を知ることは、設備のグレードが抑えられていないか、価格が割高でないかなどを見極めることにつながるのだ。

商談席でのプレゼンが終わると、一部の物件ではシアタールームに通され、プロモーション動画が上映される。子育て世帯やＤＩＮＫＳ（共働き子なし世帯）、シニアなどターゲット層に応じたストーリーの動画が多いが、単に建物デザインや交通利便性、周辺環境などを訴えかけるだけの動画もある。過去には恋愛ドラマを見せられて辟易したこともあったが……。

その後、建物の模型コーナーへ移る。ここでは、パンフレットではわかりにくいエントランスホールや駐車場、ゴミ置き場といった共用部を立体的にチェックしたい。欲しい住戸が決まっていたら、その住戸から共用部までエレベーターや階段でどう行くのか、動線を確認しよう。

これらの後、ようやく実際の間取りを展示した部屋の見学となる。設備仕様などをチェックすることはもちろんだが、重要なのは「この部屋で暮らす」という視点だ。室内の見栄えや広さを演出するため、家具や荷物は最低限のものしか置いていない。クローゼットに掛かっている衣服も数着程度。実際の生活ではどうなるか想像しつつ見ることが大事だ。

また、モデルルームとして展示されている部屋は、マンションの中でも間取りや眺望が優れているものが多い。自分が買いたい部屋との違いも念頭に置こう。

中古より優れているか

一通りの見学が終わると、商談席へ戻り、価格や購入手続きの説明に移る。そこでは販売価格がいかにお値打ちかをアピールするため、周辺の他社物件と比べて話す担当者が多い。

そのときには新築だけでなく、中古との比較も聞いてみよう。ほかの物件に負けない強みがあれば、担当者がきちんと説明してくれるはずだ。

周辺の中古と比較する理由は、住み替えなどでそのマンションを売却することもありうるからだ。ほかの中古物件と比較して優位性がなければ、将来、満足のいく価格で売却できないリスクがある。周辺中古との価格やグレードの差はぜひとも押さえておきたい。

物件を気に入り、あとは部屋選びという段階になったときに注意すべきは、担当者が売りたい部屋を選ばないようにすること。角部屋、眺望がよい部屋、割安感がある部屋は人気が集中する。申し込みが殺到し抽選になることが多いが、それを担当者は嫌う。せっかく物件を気に入るところまで説得した客が抽選に外れ、他社物件へ流れてしまう可能性があるからだ。

人気の部屋に申し込もうとすると、担当者は「この部屋はすでに購入検討者がいます。ほかの部屋はいかがでしょう」と誘導してくる。それに唯々諾々と応じる必要はない。担当者の都合により第2希望や第3希望で妥協し、最終的に納得のいかない部屋を選んでしまっては後悔しかねない。自分は、抽選に外れるリスクを取ってでもその部屋が欲しいのか、あるいはそのマンションであれば部屋はどこでも構わないのか、マンションに対する考えをよく整理して部屋を決めよう。

一度のモデルルーム訪問で、そのマンションのすべてを理解することは難しい。自宅に帰ってからも、受け取ったパンフレットや図面集などの物件資料をよく見て、モデルルームでは説明のなかった情報について確認するとよい。

中でも注目してほしいのが、建物や共用施設の位置関係がわかる「敷地配置図」だ。模型コーナーで確認していたとしても、もう一度、エントランスホールやゴミ置き場といった共用施設がどこにあるかを確認する。そして自分が欲しい部屋からそこまでの動線をたどったり、その部屋の目の前をどれくらいの人が通過するかイメージしたりしてみよう。

車やバイク、自転車を利用する人は、駐車場（駐輪場）の設備や動線も確認しておきたい。

都市部のマンションではタワーパーキングや機械式駐車場を採用している物件が多い。しかし、格納する自動車の台数が多いと、出入庫に時間がかかる。また、車種によっては入らないこともあるため、駐車場の寸法も確認したい。エントランスから駐車場まで屋根があれば、雨に濡れずに車に乗れる。

駐輪場についても、ファミリータイプのマンションでは200％（1戸に2台の割合）程度の設置率は欲しい。設置率が低いと、管理規約に違反して共用廊下に自転車を置く住民が現れかねない。

また、図面集に記載されている専有部の間取り図では、下がり天井に着目したい。下がり天井とは、室内に梁（はり）や排気ダクトが通っている場合に、天井高が部分的に低くなっている箇所だ。モデルルームには下がり天井がなかったにもかかわらず実際に購入した部屋は下がり天井だらけだった、という話はよくある。間取り図では下がり天井が点線で表示されているほか、下がり天井部の高さも記載されている。

天井高は階数によって変わることがある。5階が天井高2600ミリメートルで4000万円、6階が天井高2550ミリメートルで4100万円という同じ面積の物件があれば、安くて天井の高い5階のほうが狙い目だ。たかが50ミリメートルと侮るなかれ。空間を買うと考えればこの差は無視できない。

カギを握る「仕上表」

図面集の末尾にある「仕上表」にも貴重な情報が詰まっている。例えば専有部や共用部に使われる素材についての記載。エントランスホールの床や壁はきらびやかなタイル張りだが、エレベーターホールは吹き付け塗装で地味といったことがわかる。

こうした物件の多くは、パンフレットにはエレベーターホールの絵を載せず、吹き付け塗装だとわからないようになっている。広告は見せたい部分しか載せないもの。仕上表に目を通すことで、コストカットした部分を見抜くことができる。

近年は用地取得の難しさと建築費の高騰が重なり、価格が高い割に設備・仕様が中古より劣っていたり、専有面積を縮小して価格を抑えたりする新築マンションが増えている。とくにこの1〜2年は、こうした「新築であること」しか強みのないマンションが散見される。マンションの質が下がっている昨今、資産価値の落ちにくい物件の目利き力が問われている。

新築物件でも、立地が駅前の一等地であったり、街が再開発によって新しくなったり、人気の学区に位置していたりといった強みがないのであれば、中古マンションを積極的に検討してもよい。

新築マンションのモデルルームは、デベロッパーがお客に夢を見させる場所。華美な演出や営業トークに踊らされず、自分がどれだけの価値を見いだしているか、仮に中古でも欲しいと思えるか、などを俯瞰してみることを忘れてはならない。

星　直人（ほし・なおと）
マンション批評ブログ「マンションマニア」を運営。モデルルーム訪問は1000件超。1985年生まれ。一般企業に就職後、2016年に退職しマンション評論家として独立。

市況高騰でも諦めない　価格の「歪み」はこう探す

「正直に言って、赤字です」。都内某所の閑静な住宅街にて販売中のマンションの一室。営業員はこう打ち明けた。

そのマンションは総戸数40戸強で、ほとんどは投資家向けのワンルームタイプ。だが、マンション建設予定地の自治体がワンルームタイプを規制していることから、一部住戸を複数居室のファミリータイプにせざるをえなかった。

売り主は投資用マンションの販売を得意とする会社だったため、実需の顧客への営業力が弱く、ファミリータイプの販売に苦戦。結局、損切りをしてでも資金回収を優先したため、別の業者に投げ売りされた。その結果、当初の価格より大幅に値下げして販売されている。

このマンションのように、思わぬ低価格で販売されている物件がまれに存在する。多くは売り主であるデベロッパーの販売戦略によるものだ。

例えば、大和ハウス工業が東京・江東区で販売中の「プレミスト有明ガーデンズ」は、当初、平均坪単価310万円で販売予定だったが、発売直前に290万円へ下げた。同時期に同じ湾岸エリアで発売される「HARUMI FLAG」が割安価格で供給されることを受け、価格を調整したのだ。

また、「パンダ部屋」も価格に値頃感がある。広告掲載用に、あえて割安で販売される部屋のことだ。東京建物の「ブリリアタワー有明ミッドクロス」では、住居階の最下層に当たる4階の1LDKが3800万円台、坪単価約280万円で発売される。同じ階に坪単価300万円超の住戸があることを考えると、典型的なパンダ部屋だろう。モデルルームの営業担当者は「ものすごい抽選倍率になるだろう」と話す。

デベロッパーが新築マンションを売り急がなくなったとはいえ、完成在庫の値引きもいまだに存在する。ただし値引きの目的は資金回収よりも、散発的な資料請求やモデルルームの案内に営業担当者を張り付けるのがもったいない、という意味合いが強い。
このほか、デベロッパーが新しいコンセプトで売り出す新ブランドのマンションは、設備や仕様のグレードが高くても価格が割安という場合がある。販売に苦戦するとブランドイメージに傷がつくためだ。地域のシンボルとなる大規模物件や大々的な発表会を催す物件などでは、それに該当する可能性がある。

伝説の割安物件

数ある「価格の歪み」の中でも、いまだに語り草となっているのが、住友不動産が2008年に分譲した「シティタワー品川」だ。都営団地の建て替え事業だが、都が分譲価格を抑えることを条件としたため、72年間の定期借地権ではあるものの、周辺相場より大幅に安い坪単価120万円という価格で分譲された。総戸数828戸の抽選倍率は平均で約18倍、最高で378倍という異次元の人気を博した。

（一井　純）

郊外も「大手・駅近」は都心同様　商業施設に近いかが肝心

都心の利便性が高いマンションは高嶺の花。価格の安さや緑豊かな生活環境などを求めて郊外の物件を選択する人も多いだろう。では、郊外のマンション市場はどうなっているのか。調べてみてわかったのは、都心部と同様のトレンドが浸透している、ということだ。

首都圏のうち「郊外」と呼ばれる各地域における、新築分譲マンションの事業主別供給棟数をまとめると、マンション市場が活発だった2000年代前半には独立系や地場企業が過半を占めていたが、昨今は大手デベロッパーが上位に名を連ねている。

郊外でも「大手優位」―立地別・事業主別マンション供給状況―

	2002～03年の供給		12～14年の供給		18～19年の供給	
	事業主	物件数	事業主	物件数	事業主	物件数
東京都下	扶桑レクセル	12	野村不動産	17	野村不動産	7
	山田建設	10	一建設	12	アーネストワン	6
	新日本建物	10	三菱地所レジデンス	11	三菱地所レジデンス	6
	大京	10	アーネストワン	9	多摩建設	4
	コスモスイニシア	9	住友不動産	8	一建設	3
神奈川県※	山田建設	16	野村不動産	18	野村不動産	14
	三井不動産	15	三井不動産レジデンシャル	16	三菱地所レジデンス	11
	オリックス・リアルエステート	14	三菱地所レジデンス	14	三信住建	10
	大京	14	東京急行電鉄	13	JR西日本プロパティーズ	8
	藤和不動産	12	末長組	10	大和地所レジデンス	8
千葉県	三井不動産	14	三井不動産レジデンシャル	13	新日本建設	11
	大京	13	野村不動産	12	三菱地所レジデンス	5
	扶桑レクセル	9	新日本建設	10	三井不動産レジデンシャル	4
	大和ハウス工業	7	長谷工コーポレーション	10	野村不動産	4
	ダイア建設	5	タカラレーベン	9	コスモスイニシア	3
埼玉県	コスモスイニシア	19	タカラレーベン	15	アーネストワン	8
	タカラレーベン	17	野村不動産	15	住友不動産	8
	ダイア建設	13	大京	12	大京	8
	藤澤建設	13	住友不動産	11	タカラレーベン	7
	フージャースコーポレーション	10	三菱地所レジデンス	10	野村不動産	6

(注)※横浜市中区・西区・神奈川区・鶴見区、川崎市川崎区・幸区・中原区を除く。JV(共同企業体)物件への参画を含む。事業主名は当時。色付きがメジャーセブンと呼ばれる大手7社。2019年は1～7月分のデータ (出所)トータルブレイン

価格高騰による面積縮小というトレンドも同様だ。東京都下の新築分譲マンションの平均価格は、2000年代前半は4000万円を下回っていたが、18年からは5000万円を超えた。価格を抑えるため、専有面積も2002年の81・89平方メートルをピークに、19年には70平方メートルを切るまでに縮小。割安感と広さという郊外物件の強みは薄れた。

郊外でも「駅力」重視は変わらない。トータルブレインの調査によれば、販売好調なマンションは、最寄り駅が急行停車駅、あるいは駅徒歩5分以内の立地が目立つ。特急停車駅でもある小田急小田原線本厚木駅周辺では、三菱地所レジデンスによるペデストリアンデッキ直結のタワーマンションを筆頭に、大和ハウス工業、タカラレーベン、一(はじめ)建設、長谷工コーポレーション傘下の総合地所のマンションが同時に販売されている。

商業施設も一体開発

駅から遠い物件では、「商業施設に近い」ことが重要な要素となる。野村不動産が横浜市内で販売中の「プラウドシティ日吉」では、マンション敷地内の商業施設「ソコラ日吉」を野村不動産自身が開発している。日吉駅から徒歩9分と近くない分、商業施設の存在を購入者に訴求する。商業施設としても、総計画戸数にして1320戸のプラウドシティ日吉が隣接するため、事業が十分成り立つというもくろみがある。

総合地所も横浜市内で総戸数439戸の「ルネ横浜戸塚」を販売中だ。戸塚駅から徒歩12分だが、マンションの隣地にイオン系列のスーパーマーケットが開発されることを売りにしている。

ただ、郊外の供給戸数はピーク時の3分の1程度まで減少している。郊外物件の割安感が薄れている今、供給戸数が大幅に回復することは考えづらい。

（一井　純）

【集駅徒歩○分】道路距離80mにつき1分がルール。端数切り上げのため、81mなら2分表記になる。

賢いマンションの選び方

寡占続き値下がりは期待薄　資産価値は立地で決まる

スタイルアクト代表取締役・沖　有人

マンション価格は、ひとえに供給側の事情で決まっている。

2020年もマンション市況は19年と大きく変わることはないだろう。用地代や建築費が高止まりしているため、大手デベロッパーによる供給寡占という状態は、今後もしばらく続くと思われる。大手は体力があるので投げ売りはしない。値下がりを期待しても、マンション価格はあまり下がらないだろう。

今、会社から家賃補助を受けているような若い人でも、マンションを購入する時期が遅れると、年齢がネックになって住宅ローンの融資条件が厳しくなる可能性さえある。

一に立地、二に立地

購入に当たって最も重視すべきは立地だ。マンションはコモディティー商品で、買い手が欲しがるかどうかは、立地でほぼ決まっている。設備や内装は後で変更できても、立地だけはどうにもならない。われわれの調査では、駅から歩いて4分までは資産性が維持されているが、それより遠い物件は資産価値の下落が顕著になっていく。

立地選定さえ間違えなければ、資産価値は今後もそれほど目減りしない。都内でいえば山手線内か、山手線の駅から2駅くらいまでの立地が理想。都心へのアクセスがよいにもかかわらず、地位（じぐらい）が低く割安な物件の多い地域が狙い目だ。

最近は住宅ローンの審査が厳しくなっている。融資が通りにくい物件は売却が難しい。30平方メートルを切る住戸や築古のリノベーションマンションは要注意だ。

（聞き手・一井　純）

【地位】土地のブランドや由緒正しさ。利便性重視の風潮から、地位の低かった地域にも脚光が。

沖　有人（おき・ゆうじん）
コンサルティング会社などを経て、1998年アトラクターズ・ラボ（現スタイルアクト）設立。分譲マンション情報サイト「住まいサーフィン」を運営。

商品の作り込みがカギ握るハザードエリア開発に商機

トータルブレイン　副社長・杉原禎之

2020年の分譲マンション市場は、19年と同様の傾向が続くだろう。価格が高騰しており、販売の長期化は避けられない。デベロッパーもそれを見越して、「早く売り切る」のではなく、時間をかけてでも利益を確保して「しっかり売り切る」戦略へと舵を切っている。

そういう中では物件の商品性がより問われてくる。面積の圧縮はやむをえないが、田の字型間取りからの脱却など、多少狭くてもぜいたくさが感じられるような、ワンランク上の商品企画で差別化することが一層重要になってくる。

利便性が高い都心の土地は、希少性が高く取得競争も激化する。マンション分譲による採算だけを基準にしていては、土地の取引相場の上昇についていけない。再開発や建て替え、複雑な権利関係の調整など、価値ある用地を自ら作り上げていかなければいけない。デベロッパーには、分譲だけでなく賃貸マンションや投資家向け収益物件など開発メニューを多様化させ、「脱・分譲マンション」を図ることが求められている。

「防災」が新たな市場に

台風やゲリラ豪雨が多発する中、戸建てよりもマンションに対するニーズがより高まっている。実際、2019年の相次ぐ台風や豪雨による災害の後、戸建てからマンションへ買い替える人が増えている。

木造住宅密集地域や、災害のおそれがあるハザードエリアでのマンション開発は、デベロッパーにとって今後ますますビジネスチャンスとなっていくのではないか。

【田の字型間取り】部屋の中心に廊下が走り、左右に部屋を配置する（田の字）。施工がしやすい、全戸南向きにしやすいなどのメリットがある一方、廊下が長く無駄なスペースができる、採光が限られる、プライバシーに欠けるといった難点も。

（聞き手・一井　純）

杉原禎之（すぎはら・よしゆき）

1987年長谷川工務店（現・長谷工コーポレーション）入社。長谷工不動産、長谷工アーベストを経て99年トータルブレイン入社。2020年より現職。

業界団体も本腰を入れ始めた

進む管理状況の「点数化」　管理を買う時代が来る

「修繕積立金は毎年上げていただく形になりますね」。都内の新築マンションのモデルルームで営業マンは事もなげに言う。

商談席のテーブルの上にあるのはマンションの長期修繕計画。マンションは設備や塗装など、おおむね12年ごとに大規模な修繕工事が必要になる。新築マンションでは、デベロッパーが25～30年間の修繕計画を作成し、それに必要な額を試算として出している。分譲後、住民による管理組合がこれを参考に修繕費用を積み立てていく。

問題は、ほとんどの新築マンションの販売現場で示される修繕積立金が、今後の値上げを前提にしている点だ。

■ **最初から均等が理想** ―マンションの修繕積立金(月額)推移―

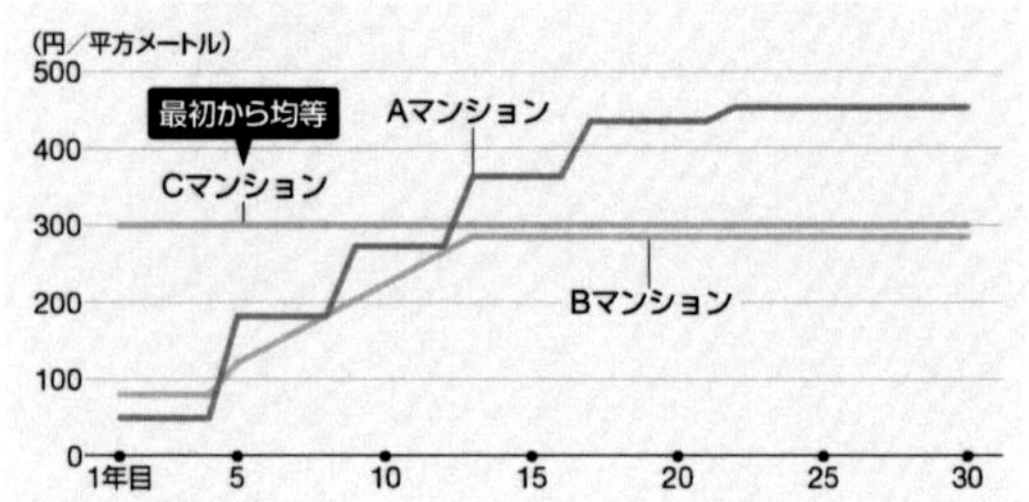

(出所)取材を基に本誌作成

先の図は、いずれも都内で現在販売中のマンションで提示された修繕積立金の推移。一般的にはAマンションのように、5～6年ごとに値上げが行われる計画になっている。

冒頭はBマンションのモデルルームでの発言。4年目から13年目まで毎年、修繕積立金の額を引き上げる計画だ。あくまで「計画」であり、実際には管理組合が決議する。だが値上げは住民の合意形成が難しく、「値上げを毎年決議するのは至難の業だ」と管理業関係者は口をそろえる。

修繕積立金が当初から高いと、住宅ローンに加えて月々の負担が重くなり、デベロッパーは新築マンションを売りづらい。そこで初期設定を安くし、入居後に値上げを行う。国土交通省は1平方メートル当たり月200円前後を目安としているが、合意形成に失敗し値上げが行えない組合も少なくない。

修繕積立金には、こうした「段階増額方式」ではなく、Cマンションのように最初から同額を負担する「均等積立方式」もある。途中で値上げする必要がなく、国交省もこちらを推奨している。

野村不動産は、郊外向けのマンションブランド「オハナ」で均等積立方式を採用している。一方で、主要ブランド「プラウド」は段階増額方式のまま。中村篤司執行役員は「プラウドでも導入に向けた課題を整理している」と話す。

ある大手デベロッパー系列の管理会社幹部は、「（親会社のデベロッパーに対して）均等積立方式にさせてくれと要望しているが、なかなか聞き入れられない」とこぼす。販売現場でも管理を見据えることは待ったなしだ。

管理の質を「見える化」

積立金が不足すると修繕がままならず、スラム化の懸念さえ生じる。そこで、マンションの管理状態を「見える化」し、管理の質の向上を図る動きが出始めた。マンション管理業協会は、管理組合財政や定期点検の実施状況などを100点満点で点数化し、S～Dのランク付けすることを提案している。中古市場で管理状況が評価されることを期待するだけでなく、「保険料が下がるといったインセンティブについても検討していきたい」（岡本潮理事長）。

「不動産コンサルティングを行うさくら事務所は「ＢＯＲＤＥＲ５」というサービスを行っている。マンション管理士が物件の管理状況を調査し、基準をクリアしたマンションを「管理良好」と認定、ホームページで紹介している。

上位５％ほどの物件しか認定されないため、徹底した管理が必要。マンション管理士でもある土屋輝之・さくら事務所執行役員は「卓越した管理状況のマンションを中古市場の中で浮かび上がらせたい。基準を満たせず認定されなくても、アドバイスを受けて、認定へ再チャレンジする物件もある」と話す。中古マンションは「管理で買う」時代はそう遠くない。

（一井　純）

管理状態の評価の物差しはさまざまだ ―管理状態の評価項目―

▶マンション管理業協会のランク評価案

評価項目	評価内容（一部）	得点
管理組合体制	総会の開催や議事録の保管	20
管理組合収支	管理費・修繕積立金の過不足	40
建築・設備	設備の定期点検や清掃 長期修繕計画の作成・更新	20
耐震診断	耐震診断および改修の実施	10
生活関連	防災対策や消防訓練の実施	10

得点の合計で
ランク分け

ランク	得点
S	90～100
A	70～89
B	50～69
C	20～49
D	0～19

▶さくら事務所のBORDER5

（上位5%相当の管理良好マンションの認定）

分類	診断項目（一部）
組合運営力	管理組合総会の出席率や 理事会議事録の作成
メンテナンス・資金力	長期修繕計画の作成や 修繕積立金の徴収状況
コミュニティー・住み心地力	管理組合のイベント開催や 共用部ルールの策定
防災力	防災マニュアルの作成や 訓練の実施

認定方法

計20の診断項目について、望ましい管理状態・卓越した管理状態を明示し、項目のクリア状況に応じて点数をつけ管理良好マンションを認定する

（出所）マンション管理業協会、さくら事務所

INTERVIEW

管理はボランティアではない

マンション管理業協会 理事長・岡本 潮

分譲マンションは開発や販売が中心で、管理は付け足し――。そんな考え方がこれまでは大勢を占めていた。だがマンションのストック戸数は膨大になった。「管理を買え」と啓発するだけでなく、管理状態が経済価値として認められることが急務だ。

管理状況の物差しはさまざまだが、われわれが最も重視するのは管理組合の財政だ。マンション内のコミュニティー形成も重要だが、管理組合に資金がなければ適切な管理や修繕ができず、マンションに居住すること自体が難しくなってしまう。また、お金に関わる議論は合意形成が最も難しい。管理費や修繕積立金の徴収がきちんとできている組合は、コミュニティーが機能している証左だ。

値上げ無理なら撤退も

これからは管理会社と組合の関係が変わってくる。管理委託費を潤沢に頂けていた時代は、管理会社は組合からの要望に十分応えられた。だが、昨今の人手不足や処遇改善の影響で、管理委託費の値上げを組合へ要請せざるをえない。マンション管理業はボランティアではなくビジネス。採算が合わなければ管理の仕事を引き受けられないマンションが出てくるのはやむをえない。

築10年など比較的維持費のかからない時期に物件を売り抜け転々としている人は、他人にツケを回しているにすぎない。デベロッパーや中古取引業者も、もっと管理状態に目を向けることを願う。

岡本　潮（おかもと・うしお）
1974年東急不動産入社。2014年東急コミュニティー代表取締役社長。17年マンション管理業協会理事長。18年東急コミュニティー会長。

新築より売れる中古　後悔しない買い方とは

マンショントレンド評論家・日下部　理絵

「購入するなら新築ではなく中古マンションを」と考える人は賢い。近年は、新築マンションより中古マンションのほうが売れている。

マンション市場が始まって以来、初めて中古の成約件数が新築の供給戸数を上回ったのは2016年。さらに17〜19年も連続で中古が新築を上回っている。「新築価格が高騰し、消費者がついていけなくなった」「立地のよい中古物件を購入し自分好みにリフォームする」といったことが要因だ。

しかし、中古の平均成約価格も17年3195万円、18年3333万円、19年3442万円と上昇。安くない買い物となっている。後悔しない中古物件選びが重要だ。

■ 4年連続で中古が新築を上回る —首都圏マンション取引の推移—

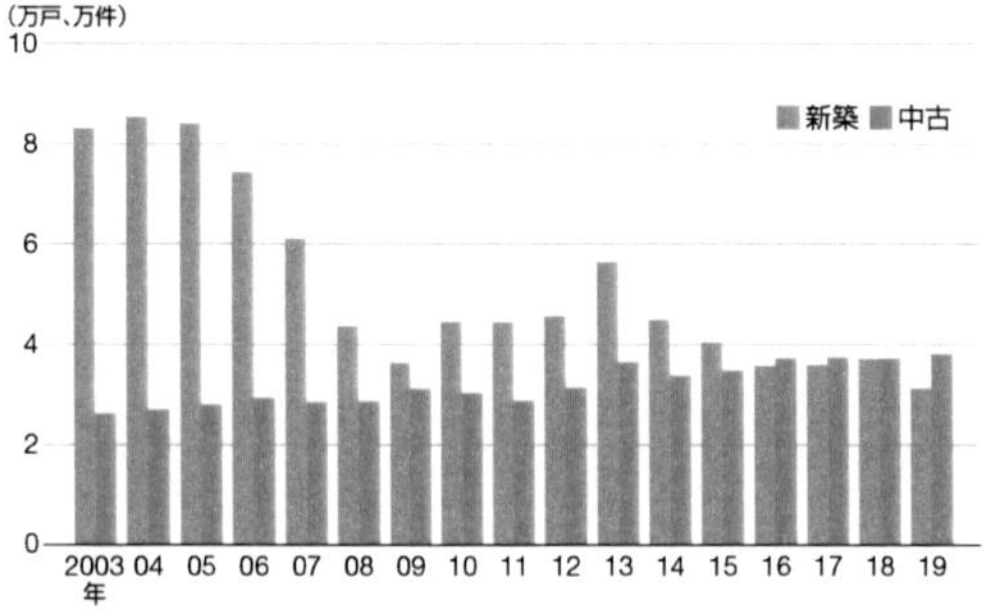

(注)新築は供給戸数、中古は成約件数
(出所)不動産経済研究所、東日本不動産流通機構

図面以外をよく確認

中古マンションは物件を見てから決定できるという利点がある一方、図面は簡略的であることが多い。内覧するときは図面ではわからない点をよく確認すべきだ。

まず、日当たりや眺望、風通し、臭い。窓を開けて実際にすべてのバルコニーに出て眺望を確認してほしい。その際、前に建物が建たないかなどの確認も重要だ。役所に行けば、近隣に建築計画があるかどうかを確認できる。

臭いに関しては、特有の臭いや排水管から湧き上がってくるものが多い。天井の高さや梁、間取りは、生活動線を考えながら確認するとよい。昼や夕方など時間帯を変えて何度か内覧するのをお勧めしたい。

部屋の周辺環境をよく確認することも重要だ。「気に入った最上階に住み始めたが、屋上のアンテナが揺れる音が気になって眠れない」「エレベーターや給排水設備、機械式駐車場などの機械音が気になりストレスになる」「24時間捨てることが可能なゴミ置き場近くの住戸で、扉の開け閉め音がうるさい」などはたびたび聞く話だ。共用施設に近い住戸の購入を検討している場合は、部屋の周辺環境もよく調べたい。

内覧時には、上階から下階へ、さらに裏口や中庭など、マンション全体を一周しながら見ることをお勧めする。例えば、エントランスのガラスドアに汚れ、電灯にちらつきやクモの巣はないだろうか。廊下などの共用部分に、プランター、灯油のポリタンク、自転車、傘などが目につく場合、災害時の避難経路や消火活動の妨げになる可能性がある。

バルコニーに、禁止にもかかわらず布団などを干している住戸があれば、マナー違反の住民がいて、管理組合があまり機能していない可能性がある。建物の外壁の汚れやタイルのひび割れはないか、植栽の枯れや支柱の傾き、害虫被害、ハト対策の網がバルコニーにかかっていないかも確認したいポイントだ。管理状況がよいということは、管理組合が機能し、建物の維持管理が適正に行われているということの証し。結果としてマンションの資産価値が長く維持される。

ゴミ置き場や粗大ゴミの置き方もよく見たい。「いつもきれいにお使いいただきありがとうございます」など、使う側が自然と「きれいに使わなきゃ」と思わせるような文面で、外部の人からもマンションの品位を疑われないような掲示がある物件はおすすめだ。ゴミ処理券が貼られないまま粗大ゴミが放置されている場合は、ゴミ捨てのルールを守らない住民がいるとわかる。

掲示板をチェック

ゴミ置き場以外の掲示板や注意書きにも注目だ。騒音やペットのマナー、民泊について注意書きが貼られていれば、騒音やペット、民泊に関するトラブルが生じているということ。騒音トラブルの有無は必ず確認しておきたい。長期化しやすく解決の糸口が見つけにくいためだ。マンションの住みやすさを表すバロメーターでもある。

管理員に引っ越しのルールやゴミ出し、トラブルなどないか質問してみるのも1つの方法だ。ゴミ出し方法などをきちんと案内してくれたら、ルールが明確で徹底されているマンションと判断できる。

その部屋の所有者や廊下ですれ違う住民に住み心地の感想を聞くのもよいだろう。

どんな人が住んでいるか、モンスター住民はいないか、近隣の雰囲気や住民の年齢層がわかったうえで判断することはトラブルの未然防止につながる。

駐車場の有無と空き状況の把握も重要だ。近年は、若者を中心とした車離れや高齢者の免許返納など「駐車場の空き問題」が全国のマンションで生じている。

車を運転する人は、まずマンションに駐車場があるのかないのか。ある場合は「空き区画があるか」の確認が必要だ。一般的にマンションの駐車場は近隣相場より安いことが多いので、できればマンション敷地内の駐車場を使いたい。貸し出しルールが明確かも確認する。

また、車を所有していないからといって、駐車場に関する確認を怠ってはいけない。多くの管理組合が駐車場使用料を、管理費会計・修繕積立金会計の収入源としているためだ。空きが多ければ駐車場使用料が減り、収支バランスは崩れる。

空き対策として「外部貸し」などが行われている場合は、防犯面への配慮がされているかも併せて確認したい。募集方法や運営ルール、さらに課税対策（駐車場の外部への貸し出しは収益事業のため）がしっかりされているかも知っておきたい。

大規模修繕の実施や修繕積立金の確認は必須。築10年前後のマンションであれば、新築とさほど仕様が変わらない物件も多く、人気があってよく売れている。ただし、修繕積立金会計の残高には注意したい。築10年前後の場合、入居してすぐに大規模修繕のための一時金を支払わなければならない可能性があるためだ。直近の大規模修繕の実施状況や予定、修繕積立金の無理な値上げや一時金の徴収が予定されていないかも確認すべきだ。

「マンションは管理を買いなさい」というのは、近年よく聞く言葉だが、中古マンションこそ、マンション管理の良しあしが大きく影響する。中古マンションを選ぶ際、「築年数」も重要だが、それよりも「築年数に対する状態」で判断するとよい。築浅でも管理状況が悪く物件が劣化していれば、今後の資産価値に悪影響を及ぼす。一方で、築年数が経っていても、メンテナンスが行き届いている物件もある。

中古マンションは一般的に先着順のため、「急いで決めないと、購入できないかも……」という心理状態の中で、大きな決断をすることになる。これが中古マンション特有の「ババつかみの要因」だ。そんなときこそ落ち着いて「本当にこのマンションでいいのか」「ここを終の住処にしてよいのか」一呼吸おいて考えるようにしたい。

〔ポイント〕図面ではわからない事柄を現地で確認する
・住戸の周辺環境をよく確認する
・マンションを上階から下階までよく見る
・ゴミ置き場や粗大ゴミの状態をよく見る
・掲示板や注意書きにも注目する
・駐車場の有無と空き状況を把握する
・大規模修繕の実施履歴や修繕積立金の額を確認する

日下部　理絵（くさかべ・りえ）
維持管理の側面から中古マンションの実態に精通する。著書に『マイホームは価値ある中古マンションを買いなさい！』『負動産マンションを富動産に変えるプロ技』など多数。

中古マンション　業界DEEP事情

築55年でも1億円　ヴィンテージマンションの正体

築年数が経てば価値が下がる。そんなマンションの常識を覆し、逆に価値が高まっている「ヴィンテージマンション」が存在する。

原宿駅徒歩2分の地に立つ雁行型の窓が特徴的なマンション「コープオリンピア」。築55年になるが、今でも50平方メートルの住戸が1億円弱で取引されている。

こうしたヴィンテージマンションは1960〜70年代のマンション黎明期に建てられた物件が多い。それらの仲介を専門に行うフリーダムコーポレーションの谷村泰光代表取締役は「建設当時は見本となるマンションが少なく、海外の建築様式を取り入れるなど自由な発想で設計された」と語る。

当初は富裕層向けに造られたが、今では独特なデザインが若年層の関心も引いている。宅配ボックスの設置や耐震補強工事などを追加的に実施し、居住者も管理に意欲的だ。

ただ、建て替えで姿を消す物件も少なくない。東京五輪のあった1964年に建設された著名なヴィンテージマンション「秀和青山レジデンス」は、26階建ての高級マンションへと建て替わる予定だ。

他方、今は築浅でも「立地がよく、デベロッパーが力を入れた物件はヴィンテージになりうる」（谷村氏）。「経年優化」の発想は、新築信仰に一石を投じる。

分譲なのに賃貸仕様？　「地権者住戸」にご用心

住友不動産が分譲している「シティタワー大井町」には、ワンルーム住戸が「2種類」ある。片方は廊下が豪華なタイル張りで、キッチンの天板も天然の御影石だ。もう一方の部屋は廊下がフローリングで、天板も人工大理石と設備・仕様が見劣りする。

2種類あるのは、前者が一般分譲住戸、後者が地権者住戸だからだ。地権者とは、再開発前にその地に住んでいた人のこと。土地と等価の住戸をデベロッパーから受け取る。この際に、分譲用と地権者用で仕様に差が出ることがある。例えば、1人で複数戸を受け取る大地主は、賃貸に出すことを前提に、いくつかの住戸の仕様を落としたりする。

また、所有していた土地が小さい地権者も住戸を受け取れるよう、仕様を落とすことがある。共用部を簡素にして維持費用を抑えた地権者専用棟を別に建設することもある。地権者住戸とはそうした政治的駆け引きの産物なのだ。

先の物件は、地権者向けはすでに引き渡され、中古の売り出しも始まっている。しかし、新築で購入しようとすると引き渡しは21年4月まで待たなくてはならない。このような再開発物件を購入するときは、その開発経緯やほかの住戸との比較をよく行ったうえで検討したい。

（一井　純）

世田谷区と足立区の坪単価が同じになった

三井不動産レジデンシャル　都市開発二部長・小林幹彦

――都心から近いにもかかわらず割安だったエリアで、マンション価格が大きく上昇しています。

私のいる都市開発二部が担当している城東・城北エリアで、それを強く感じます。2019年竣工した「パークホームズ北千住アドーア」は、供給エリアでは最高値の坪単価300万円超でした。業界内では「高い」などと言われましたが、ふたを開けてみると販売は好調でした。

その後、近隣で三菱地所レジデンス（注：「千住ザ・タワー」）が当社よりさらに高い価格で供給しましたが、そちらも好調のようです。今やこれまで割安に抑えられていた足立区と、（住宅街で有名な）世田谷区の坪単価がほぼ同じになっています。

面積でも変化が出てきています。さいたま市の浦和エリアでは、これまでずっと「70平方メートルを切る3LDKは売れない」といわれていました。しかし、67〜68平方メートルの少しコンパクトな住戸を供給したところ、広さよりも総額を重視する傾向になっているのか、しっかりと売れています。

——2019年の台風19号を契機に、マンションの浸水対策が叫ばれています。

マンションを開発するときは、ハザードマップや想定される被害状況を確認したうえで、設計指針を決めています。（台風19号によって）一部のマンションで停電が発生しましたが、電気室は容積に算入されない地下に設置することがどうしても多いのです。電気室を容積に算入しなくてよいのであれば、浸水被害が少ない上階に設置することもあるでしょう。

一方で、水の侵入を完全に防ぐような電気室を造ってコストが上がってしまうと、最終的には販売価格に転嫁せざるをえません。結局、お客さんがどこまで浸水対策を求めているのかとのバランスだと思います。そのまま価格に転嫁することには抵抗がありますね。

――分譲マンションの設備・仕様は日々進化しています。既存の技術が陳腐化する懸念はないですか。

そういうリスクを考えながら、今後10年、20年通用するなという技術のみ採用しています。新しいから搭載しよう、というのは難しいですね。スマートフォンなどで鍵を開閉できるスマートロックは、現在は一般化しましたが、最初に採用したのは関西の賃貸マンションでした。賃貸でユーザーの反応を見た後に、分譲への搭載を進めました。

――現在販売中の「パークホームズ月島二丁目」では、宅配便などの荷物を自宅の中まで配達する「ナカ配」を採用しました。不在時に第三者が自宅の中に入ることについては、抵抗感を抱く人も少なくないのでは。

よく誤解されるのですが、共用部の宅配ロッカーもご利用いただけるので、ナカ配を採用するかどうかはお客さんが決められます。ただ、飲料水を宅配ロッカーではなく自宅の中まで持ってきてほしいとか、さらにウォーターサーバーへのセッティングまでしてほしいとか、生鮮食品を自宅内まで配達してほしいといったニーズは確実にあります。選択の幅を広げることに意味があると思っています。

――「HARUMI FLAG」の供給が予定されています。

あれほど集積した街をつくる機会はほとんどありません。非常によい物件だと思います。抽選で当たるなら私も買いたいくらい（笑）。

【三井不動産レジデンシャル】2019年供給戸数：全国5位（2365戸）・首都圏4位（1750戸）

小林幹彦（こばやし・みきひこ）

1989年三井不動産入社。2009年三井不動産レジデンシャルに出向、都市開発三部・開発室長、レジ・海外事業部グループ長を経て、17年から現職。

じっくり売る方式へ変更　均等積立への移行は課題

野村不動産　執行役員　住宅事業本部担当・中村篤司

――即日完売という言葉を聞かなくなりました。

かつては全住戸を一度に販売することもありました。モデルルームの来場者数に歩留まりを掛ければ契約者数も推測できました。しかし、この5年くらいで変わりましたね。短期間で売り切って資金回収を急ぐという売り方ではなく、じっくり売るスタンスに変わってきています。

昔はとにかくお客さんを販売センターに集めていたので、歩留まり自体は1割なんてこともありました。今はネットなどの情報を基にお客さんが物件を選別してから来るので、モデルルームに来てからの歩留まりは以前より高まっていますね。

――「プラウド」といえばファミリー向けの印象がありますが、最近は中目黒の「スーパーコンパクト」（専有面積約16平方メートルのワンルーム）を筆頭に、単身者やDINKSにも目を向けていますね。

確かにこれまではファミリー向けが中心で、供給戸数も業界でトップクラスでした。ただ最近は、単身世帯の住宅需要が増えているので、それに応えられる商品を供給していきたいと考えています。ワンルームタイプもその1つです。

中目黒の物件とはコンセプトが異なりますが、「プラウド高田馬場」でもワンルームを販売します。20年3月から第1期の販売が始まりますが、手応えはあります。

――プラウドが好調な一方、2011年に立ち上げた郊外向けマンション「オハナ」の供給は低調です。19年末時点での用地ストックも、400戸しかありません。

オハナが誕生した当時は、リーマンショックの影響で多くの新興デベロッパーが撤退し、郊外向けマンションの供給が激減していました。そのため、多くの方に買ってもらえるような価格設定で良質な物件を提供していくという、ちょっと高尚ですが、そんな社会的使命があって始めました。

ところがその後、マーケット環境が激変してしまいました。大手が郊外に進出し、建築費も一段と高騰しました。とくに建築費の高騰は、ある一線を越えると採算が非常に厳しくなります。今はそのタイミングに入っています。

ただ、オハナをやめるという発想はないですね。立地に合わせて商品性を工夫していくなどして、今後も供給し続けたいと思います。

――オハナに導入されている修繕積立金の均等積立方式（月々の負担額が一定）は画期的です。プラウドへの導入は？

プラウドへの導入を検討していないわけではないんですが、解決しないといけない課題もそれなりにあってですね。現時点では長寿命の部材を採用して修繕工事の周期を延ばしたり、費用を抑えた修繕工事を展開したりしています。住んでいる方のコスト負担をできるだけ軽くする取り組みは始めていますので、あとは積み立て方式をどうできるかですね。

——修繕積立金の初期設定が高いと新築時に売りにくい、という事情があるのでしょうか。

当社の営業担当者は均等積立方式のメリットを伝えられるので、必ずしもNGというわけではないと思います。ただ、お客さんがビックリするような高額になって、「こんなの最初から払えないよ」と、ご納得いただけないかもしれません。とはいえ、やらないというわけではありません。導入に向けた課題を整理しているところです。

【野村不動産】2019年供給戸数：全国3位（3941戸）・首都圏2位（3111戸）

中村篤司（なかむら・とくじ）
1993年野村不動産入社。住宅営業部、住宅事業部、カスタマーリレーション推進部長を経て、2018年から現職。

マンションは売り急がない　竣工後こそ真価が問われる

住友不動産　住宅分譲事業本部営業部長・遠藤　毅

――新築分譲マンションの供給戸数で6年連続1位です。

7年連続も意識していきます。5000～6000戸の供給力がありますし、長期的には数万戸のストックも持っていますから。供給した分をしっかり販売する営業力も持っているので、在庫も増えていません。今は即日完売する時代ではありませんから、販売した月に売れなくても、その後に先着順で販売を続ければよいですし。その意味で、初月契約率については、まったく重要視していません。

――販売手法が同業他社とは異なります。あまり値下げをせず、場合によっては価格を上げている物件も散見されます。

竣工までに売り急ぐよりも、完成したマンションをご覧いただきながら売っていくことを重視しています。モデルルームではなく実物を見てもらうほうが、共用部や周辺の街と併せて価値を見いだしてもらえます。出来上がったから値引きする、ということはありません。

実際、当社では竣工後半年から1年が販売のピークです。いつからこのやり方を採用したか明言するのは難しいですが、2000年代前半に、湾岸のタワーマンションの開発を始めた頃でしょうか。

竣工した物件に価値を見いだしてもらいたいので、外観やエントランスなど、後から変えられない部分は絶対に手を抜きません。中古で出回っている当社の物件では、共用部ばかり案内している仲介会社もいるほどです（笑）。

――現在販売中の「シティタワーズ東京ベイ」は19年7月に竣工済みですね。ただ、今契約しても引き渡しは2021年4月です。完成しているのにすぐ入居できないの

はなぜでしょうか。

内覧や工事の手直しをきちんとして、社員が確認したうえで引き渡しをしています。早い方では20年の2月に入居されていますが、総戸数が1539戸と多いため、少しずつ引き渡しをしないとクオリティーが保てません。

――マンションの売り上げは契約時ではなく引き渡し時に計上されます。決算対策という面はないのでしょうか。

業績の平準化が目的なら、四半期ごとに決まった戸数を引き渡すことになります。しかし、一定の期間に引き渡しが集中するとトラブルになりかねません。マンパワーに限界があるために、引き渡しまで時間を要するという事情のほうが大きいですね。

――郊外でも大規模開発を進めています。

「シティテラス八千代緑が丘」(千葉県八千代市)では2層・3層吹き抜けのエントランスを造り込んでいます。モデルルームの設備やパース写真といったバーチャルな空間に資金を投じるよりは、出来上がったものをしっかり見せて売っていきたい。周辺にはもっと安い物件もありますが、地域でいちばんよい物を造ろうという理念を持って進めています。「シティテラス吉川美南」（埼玉県吉川市）では、エリアでの新築マンションの供給が当社しかなかったので、当社の価格が相場を形成しました。

いずれにせよ、郊外は単体のマンションを造って終わることはありません。周辺の商業施設などと一緒に面的に開発を進めています。そのエリアでいちばんよい物件を造って、時間をかけてでも価値を訴求していく方針です。

【住友不動産】２０１９年　供給戸数：全国１位（５６９０戸）・首都圏１位（４１３６戸）

遠藤　毅（えんどう・たけし）
１９８９年住友不動産入社。マンション広域営業統括所長、賃貸住宅事業部長、住友不動産ベルサール社長などを経て、２０１７年より現職。

価格と品質の両立が課題　過度な経済性は追わない

三菱地所レジデンス　第三計画部長・浦手健司

――マンションの設備・仕様のグレードはどうやって決めているのでしょうか。

当社の物件を購入してくれた人を対象に、入居1年後にアンケートを取っています。この設備は便利だった、この設備は改善してほしいといった回答結果を、次の商品を企画するときに生かしています。「クローゼットのハンガーパイプは2列あったほうがいい」など細かく書いてあってとても参考になります。

専有部のみならず、共用部も同様です。駐車場については、管理会社の三菱地所コミュニティが管理している物件の駐車場稼働率を収集し、それを基に駐車場の空きを極力なくせるよう、設置率を検討しています。駐輪場については、ファミリータイプの物件の場合なら200％（1戸に2台）に近づけたいと思っています。
ただ、「ザ・パークハウス」という当社のマンションブランドの価値を維持するためにも、ある程度コストをかけた共用部は不可欠だと思っています。お客さんも商品性に期待されているので、共用部の設備・仕様を削って専有部を増やすという発想はありませんね。

——専有部でいうと、3LDKに比べ1LDKなど単身者向けの設備グレードが落ちる印象です。

ファミリー向けは実需のお客さんを想定して高いグレードにしています。が、単身者向けのコンパクトタイプは実需のお客さん以外に投資目的のお客さんもいます。実需のお客さんをターゲットにする物件なら分譲用のグレードの高い仕様にしますが、投資のお客さんをターゲットにする物件なら賃貸管理のしやすさを優先して、シンプルな仕様にします。

――ファミリー向けに「ザ・パークハウス　オイコス」というブランドもありますが、通常の「ザ・パークハウス」と設備・仕様でどのような差別化をしているのでしょうか。

オイコスは「先進的な取り組み」をしているマンションです。言い方を変えただけかもしれませんが、建物の構造を合理的にして経済性を上げ、それでいて機能性を落とさずに造っています。現状は郊外の大規模物件が多いですね。ただ郊外に行ったらコストも重視しなきゃいけなくて、でも品質は下げないでよい物を……難しいですね（笑）。

――郊外では価格競争に陥りがちです。（オイコスの施工を手がけている）長谷工コーポレーションなら、価格に合わせて仕様面で柔軟に対応できるのではないでしょうか。後は三菱がどこまで妥協できるかだと思います。

オイコスは安くないとお客さんの納得感が得られないという部分があります。他方で、品質にこだわると価格が高くなってしまう。仕様については、調整できる部分もあれば妥協できない部分もあるので、そうですね、難しいですね……。

――単身者やDINKSのマンション需要が増える中で、供給するマンションの間取りも変わってくるのでしょうか。

現在でも、3LDKといってもウォールドア（天井から床まで届く大きな引き戸）を設置し、いつでも2LDKへ変更できるような間取りが主流になってきています。当社でも駅近物件であれば、1LDKや2LDKを主な間取りにすることもあります。個人的には、これからは2LDKが中心の時代になるのかな、とは感じています。

（デベロッパーに直撃①～④　聞き手・一井　純）

【三菱地所レジデンス】2019年　供給戸数：全国4位（3365戸）・首都圏3位（2277戸）

（各社の供給戸数は不動産経済研究所調べ）

浦手健司（うらて・けんじ）

1989年藤和不動産（現三菱地所レジデンス）入社。商品企画部、広島支店などを経て、2019年より現職。

急増するコンパクト住戸　その価値は本物か

「2階のお部屋ですと、だいたい月12万円の家賃が取れますね」。営業担当の女性が商談席に広げた資料を指さす。「サブリースなら手数料を引いて受け取れる額が月11万円になります」。投資用マンションの営業ではない。都内にある新築マンションのモデルルームでの一幕だ。

このマンションだけではない。訪れたモデルルームの多くで賃料査定表が出てきた。そして営業担当者は判を押したようにこう言う。「結婚したり子どもができたりして家族構成が変わったら、別のマンションに住み替えましょう。このマンションは売らずに、賃貸に出せば資産形成にもなります」。

独身時代は賃貸で、家族ができたら分譲を買い、最後は郊外の広い戸建てへ。そんな「住宅すごろく」はとうの昔に消え去った。国交省が2018年に実施した調査によれば、マンション居住者の62・8%が永住するつもりだと回答し、すごろくの「あがり」はマンションへと移った。

現在は、コマの進め方も多様化している。独身時代にワンルームや1LDKといった狭い住戸を購入し、家族構成が変われば買い替える。最初に買ったコンパクト住戸は売却するか賃貸住宅として保有し続ける。そんな「おひとりさま」の需要を捉えようと、デベロッパーは試行錯誤を重ねている。

あえて「うさぎ小屋」

東京メトロ月島駅近くのビルの一室。準大手の日鉄興和不動産が、新築マンション「リビオレゾン勝どきnex」を販売している。総戸数96戸の内訳は1LDK48戸、1DK34戸、1K12戸、そしてワンルームが2戸。照準を定めるのはおひとりさま、それもミレニアル世代（1980年代~2000年代前半生まれ）の女性だ。

「『素敵なうさぎライフ研究所』、略してうさ研です」。住宅事業本部の佐藤有希氏がコンセプトを解説する。その狭小ぶりから「うさぎ小屋」と揶揄されがちな日本の住戸。それを逆手に取り、物をあまり持たないミレニアル世代向けに、面積が狭くても訴求できる商品性を研究した。

その結果、ミレニアル世代の女性が住戸に求める要素には、「癒やし」「活動」「仕事」の3種類があると想定。その3つのコンセプトに合わせて内装を造り替える大胆なオプションを用意した。

「活動」を求める女性向けには、室内運動に適した内装に仕上げる。「癒やし」を求める女性なら自然光のように柔らかな照明を採用し、柱の角に丸みを帯びさせる。オプションは1LDK48戸のうち24戸に採用可能だ。

正式販売は20年3月より始まるが、はたして想定どおりの女性購入者は現れるのか。「結果的にオプションを採用する入居者がいないかもしれない。それでも、当社がミレニアル世代を意識したマンション造りをしていることが伝われればよい」（佐藤氏）。

「スーパー」コンパクト

日鉄興和の住戸が「コンパクト」なのに対して、野村不動産が打ち出したのは「スーパー」コンパクトだ。しゃれた商店が立ち並ぶ中目黒で建設中の「プラウド中目黒」では、総戸数106戸のうち6戸は専有面積わずか約16平方メートルの超狭小住戸となっている。

これがスーパーコンパクトだ！

—「プラウド中目黒」の16㎡プラン—

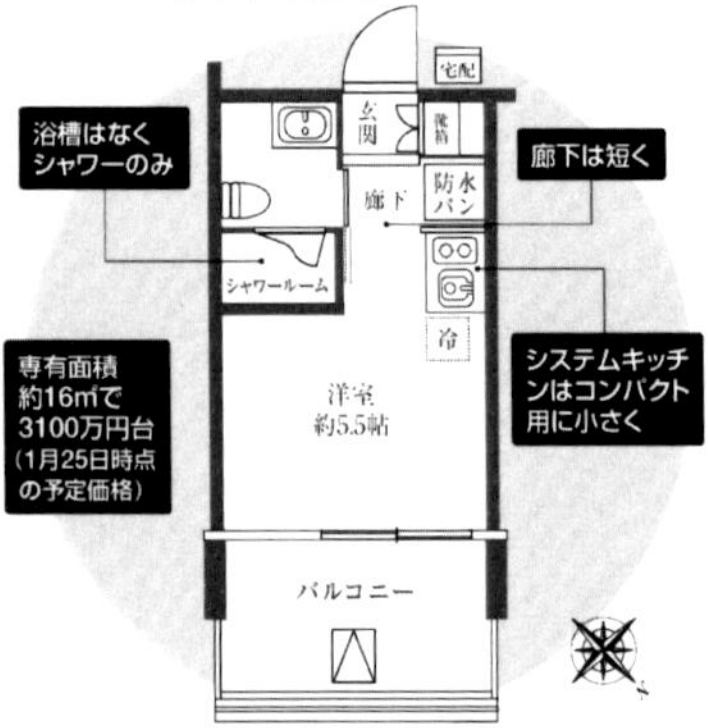

（注）一部省略　（出所）野村不動産

■ 用地不足と価格高騰で再び脚光

—首都圏コンパクトマンションの発売戸数と割合—

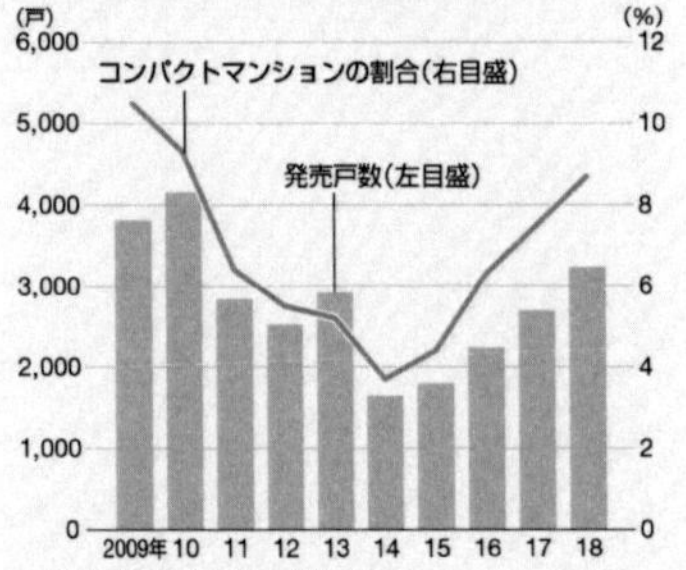

（注）専有面積30㎡以上50㎡未満が対象
（出所）不動産経済研究所

用地を仕入れたのは2016年。当初は3LDKを中心に考えていたが、「若い単身者の持ち家志向が高い一方で、住戸の広さは求めないことがわかってきた」（石川祐太郎市場戦略課長代理）。検討を進める中でサイズが小さくなっていき、ワンルームへとたどり着いた。

商品設計に半年以上を費やし、住戸の機能を極限までそぎ落として16平方メートルという結論に達した。面積節約のため浴槽はなく、収納も最小限。その代わり設備は黒を基調にデザイン性を高め、浴室にはオーバーヘッドシャワーを付けた。「プラウドの看板を背負っている以上、『安かろう悪かろう』にはならないよう意識した」（沖村秀雄事業推進一部副部長）。

想定顧客は賃貸暮らしの20代後半から40代前半。「中目黒という立地だからこそ、感度の高い人向けの商品を供給したい」（事業推進一部の小室絢子氏）。価格は約3100万円で坪単価なら600万円を超える。それでも「品質を考えればこの価格で納得してもらえる」（同）と自信をのぞかせる。

野村不動産としては初の取り組みなだけに、今回用意したのは6戸と保守的だ。ただ

19年の発表後から予想以上の反響があり、モデルルーム内にワンルームタイプを模した部屋を急きょ増設したほど。次なるスーパーコンパクトの開発も視野に入っている。

　こうした意欲的な商品が供給される一方、コンパクト住戸の多くはファミリー向けに比べ設備仕様が劣る。それでいて坪単価はファミリー向けよりも高い。高額になるのは、トイレやキッチンなど最低限必要な設備の工事費がかかることに加え、総額で見るとファミリー向けより割安感があるため価格を上げやすいという事情もある。

　コンパクト住戸が増えることに対して国は積極的ではない。筆頭は、住宅ローン減税の対象住戸を50平方メートル以上としている点だ。「国としては狭小な住戸ではなく、（面積の広い）ファミリー向けを優良なストックとして残していきたいのでは」（長谷工総合研究所の酒造（みき）豊常務取締役）。コンパクト住戸は賃貸に出されやすく、購入者自身が住んでいない住戸は管理の意識が希薄になりがちだ。

　あの手この手で付加価値を高めようとしているコンパクト住戸。最大の弱点である「狭さ」を克服してなお価値あるものなのか、決めるのは購入者だ。

（一井　純）

「周辺相場より安い」というセールストークの実力は？

パワービルダー系が挑む経済性重視のマンション

「パワービルダー」はもっぱら戸建て業界の用語である。用地の仕入れから建設、引き渡しまでを半年程度で行うスピードを武器に、低価格の建て売り戸建てを大量供給している。

そのパワービルダーが、マンション市場で存在感を高めている。マンション価格が高騰する中、戸建ての事業モデルをマンションにも応用し、「周辺相場より安い」というセールストークで独自のポジションを築き上げているのだ。

戸建て流の開発手法

2020年1月、東京・飯田橋にあるモデルルーム。夕方5時という時間にもかかわらず、どの商談席にも単身者から家族連れまでさまざまな客の姿があった。お目当ては、オープンハウスの子会社「オープンハウス・ディベロップメント」が分譲するマンション「オープンレジデンシア」。販売物件の1つである文京区小石川のマンションは、坪単価400万円前後。周辺相場と比べかなり安い。

「周辺相場から逆算して、競合物件より安く供給できるよう原価を圧縮していく」。オープンハウスの若旅孝太郎・取締役常務執行役員は語る。2019年は新築マンション453戸を首都圏で供給。18年は798戸と、首都圏の供給戸数ランキングでは10位につけ、大手デベロッパーの東急不動産や東京建物をも超えた。

■ **余計なコストは極力カット** —マンション設計思想の違い—

	一般デベロッパー	オープンハウス
事業期間	3年〜	2年
モデルルーム	マンションごとに プレハブを建設	複数物件を1つの コンセプトルームで紹介
駐車場	設置率 42.2% (2017年上半期供給分)	なし (付置義務がある場合は最低水準)
共用施設	ラウンジやゲストルーム などを設置	極力設置しない
地下	駐車場や電気室などを設置	住戸を造って販売※
価格	土地代や建築費など 原価を積み上げて算出	顧客の購買力から逆算して、 原価を圧縮

(注)※ハザードマップや冠水事例と照合し、社内基準を満たした場合
(出所)駐車場設置率は不動産経済研究所、その他は取材に基づき本誌作成

最大の強みは価格である。モデルルームもプレハブを建設せず、複数物件を1つのコンセプトルームで紹介する。物件の共用部も、ラウンジや駐車場は極力省く。物件によっては容積率に一部算入されない半地下の住戸も開発し、販売住戸を増やす。土地の形状がいびつなら、マンションに使えない部分を切り出し、戸建てとして販売することもある。こうして全体の販売価格が抑えるのだ。

「事業期間を短く、物件の規模も小さくすることで、景気が急変したときでもダメージを小さくしている。売却はあくまで実需層に限定し、投資家向けはやらない」(若旅氏)など、リスクヘッジの面でもデベロッパーとは一線を画す。

パワービルダー最大手の飯田グループホールディングスも、傘下の事業会社がマンション開発を行っている。グループ会社の一(はじめ)建設は「プレシス」、アーネストワンは「サンクレイドル」、飯田産業は「センチュリー」というマンションブランドを展開し、19年3月期はグループ各社合計で全国に1437戸を供給した。

一建設の特徴は、完成在庫を業者に転売し資金回収を優先するなど、出口戦略を多様化させている点だ。東京都中野区で販売中の「プレシス中野哲学堂パークフロント」

は、19年に完成在庫が一建設から地場デベロッパーに売却され、広告の売り主の表記も変更された。同社は18年にも仙台市内の「プレシス仙台榴（つつじ）ヶ岡公園」の完成在庫を中堅デベロッパーのタカラレーベンに売却。その後レーベンは自社で再販を行った。

大手とは戦わない

一建設が都市部の好立地を攻めるのに対し、同じ飯田グループのアーネストワンは郊外に照準を定める。「新築マンションを買いたくても所得が厳しい客を、ターゲットに据えている」（片山剛志・執行役員マンション事業部長）。

用地取得後すぐ着工準備に取りかかるため、2年足らずで引き渡しになる。それでも「戸建てが年2回転するのに対し、マンションは2年かけてようやく1棟を引き渡す。まだまだ遅いと言われている」など、事業期間のさらなる圧縮に意欲を見せる。

アーネストワンの物件も、機械式駐車場など維持費のかかる共用施設が少なく、管理費や修繕積立金も安く設定されている。将来の修繕費が抑えられることは、中古市場でも強みになる。

こうした経済性重視のマンションは、大手が進出しにくい分野だ。なまじブランド力があるため、専有部の設備仕様を抑えたり、共用部を簡素にしたりすることに及び腰だからだ。三菱地所レジデンスは郊外向けに「ザ・パークハウス　オイコス」ブランドでマンションを供給するが、「郊外ではコストと品質の両方を重視しなければならないため供給が難しい」（浦手健司・第三計画部長）。

「周辺相場より安い」というセールストークを武器に大手に挑むパワービルダー。彼らの存在感は日に日に高まっている。

（一井　純）

INTERVIEW

大手との「価格差」が最大の武器

アーネストワン　執行役員　マンション事業部長・片山剛志

女性のバッグに例えると、財閥系のマンションはグッチやルイ・ヴィトン。買える人は買うが、買えない人はお店にも行かない。われわれのターゲットは、新築マンションが欲しくとも、購入予算が限られる人たちだ。

現在の方針が固まったのはリーマンショック後。価格で勝負できるマンションは何かと考えたときに、60平方メートル台半ばで間口が6メートルの長方形の住戸を並べるのが最も効率的だ、という結論に達した。3LDKで20坪を基本とし、今では図面が出来上がっていない段階でも協力会社が精度の高い見積もりをできるほど、パッケージ化が進んでいる。

設備仕様にメリハリ

限られた専有面積を有効活用するため、滞在時間が長いリビング・ダイニングの面積は広く、滞在時間が短い水回りはコンパクトに抑えている。抑えた分は収納に回す。設備もキッチンを作り込む代わりに脱衣所は簡素に、といった具合にメリハリをつけている。安普請にならないよう、工事品質の手は抜かない。

価格差で勝負をしているため、供給エリアは郊外が中心だ。大手デベロッパーが4000万円で供給している地域に、当社が3000万円で供給することの訴求力は高い。逆に、都心部ではそうした割安感が訴求しにくい。ブランド力の差もあるが、8000万円が相場の地域で7000万円のマンションを供給しても、さほど魅力的に映らない。そうした地域の客は、それ以上の価格でもマンションを購入できる所得がある。われわれは今後も郊外を重点に成長を続けていきたい。

片山剛志（かたやま・つよし）
1973年千葉県生まれ。2001年アーネストワン入社。10年から現職。

「浸水対策」はどこまでできるか

豪雨への対応急務だが追加コストの負担見えず

「取引が完全にストップした。多摩川沿いの浸水した地域は半値以下で売り出されているが、それでも買う人は限られている」。神奈川県川崎市内の住宅仲介業者は肩を落とす。

2019年10月に日本列島を襲った台風19号。首都圏では河川の氾濫により多数の戸建てが浸水した。台風から4カ月が経っても被災地域に立つ物件は取引が鈍く、「売り出し価格を相場より1500万円も下げて、ようやく成約した物件もあった」と業者はこぼす。

戸建てが被害に遭った一方で、災害に強いはずのマンションはどうか。一部のマンションで地階に設置されていた電気室が浸水したものの、同じ地域に立つマンションの中古取引は比較的堅調だ。

他方で、東京都江戸川区のある新築マンションでは、1階と2階の住戸の契約がほとんど進んでいない。「ハザードマップ上では2階の高さまで浸水が想定されているためだろう。ここまで売れないのは初めてだ」と営業マンは嘆く。

トータルブレインの杉原禎之副社長は「災害のおそれがあるハザードエリアでマンションを開発するのは社会的意義のあることで、今後はビジネスチャンスになっていく」とみる。地震だけでなく、これからは水害への対策もマンション選びの要素となりそうだ。

マンションの代表的な浸水対策は、エントランスや駐車場の入り口に止水板を設置すること。下写真は三和シヤッター工業が販売している止水板で、価格は1枚当たり約18万円。エントランスのドアなどに取り付け、高さ24センチメートルの浸水を防ぐことができる。

止水板にはさまざまな種類がある。高さがあるほど水位が増しても対応できる反面、組み立てに時間がかかる、2人がかりでの設置が必要など、準備が繁雑となる。

既存のマンションのみならず、新築時から浸水対策を意識する動きも出始めた。野村不動産が販売予定の「プラウドタワー亀戸クロス」は、開発予定地が浸水エリアに該当する。そこで、「電気室や防災センターなどをコンクリート板で囲い、河川の氾濫時にも水が入らないよう対策を施す」（松尾大作・取締役専務執行役員）。

マンション建設大手の長谷工コーポレーションは、デベロッパーへ災害に対応した設計を提案する。マンションの敷地部分の地盤を上げたり、電気室や機械室を地階から上階へ移動したりする。これまでは下水道や排水路の処理能力を超えて発生する「内水氾濫」を念頭に設計してきたが、今後は堤防から河川の水があふれる「外水氾濫」にも対応していく考えだ。

コスト上昇の懸念

新築マンションの場合、どこまで浸水対策にコストをかけるべきか。「コストが上がると販売価格に転嫁せざるをえない。それには抵抗がある」（三井不動産レジデンシャルの小林幹彦・都市開発二部長)。災害に配慮したマンションが、高い価格で売れるとは限らない。「内水氾濫対策にはデベロッパーも前向きだが、(可能性の低い)外水氾濫にはどこまで対応するかの協議が必要だ」(長谷工の鶴田高士・常務執行役員)。

電気室が地下に多いのは、容積に算入しなくてよいためだ。これを地上に上げると、その分販売できる住戸が減ってしまう。マンション業界からは、「地上に上げた場合でも容積に算入しない措置を講ずるべきだ」という声が上がる。安全性と対策にかかるコストとのバランスは見えない。

(一井　純)

不正利用問題の発覚で住宅ローンが借りづらくなるケースも

住宅ローン市場に異変が起きている。借りられる額が減ったり、借りにくくなったりする事態が起きつつあるのだ。

発端は2019年5月。長期固定金利の住宅ローン「フラット35」の不正利用問題が明るみに出たことから始まった。フラット35は、本人または親族が居住する住宅に利用できる住宅ローンで、賃貸経営など不動産投資に用いることはできない。

しかし実際には、自己居住用であると偽ってフラット35を利用し、その物件を賃貸に出すという不正利用が蔓延していた。この手法は不動産業界で、〝なんちゃって不動産投資〟と呼ばれていた。しかも、購入時に住宅価格を水増しした契約書を作り、過大な融資を受ける事例も見つかっている。

投資用不動産ローンは、住宅ローンに比べ融資の審査が通りにくい。金利も、投資用の年1・5〜4・5%に比べ、フラット35は年1・2%程度と低めだ。このように融資を受けやすく、金利負担が少ないフラット35は投資家にとってメリットが大きい。そこを狙って不正は行われた。

フラット35はもともと持ち家取得を促進するために作られたローン。政府系の住宅金融支援機構が提供し、銀行など民間金融機関が業務委託を受けて販売している。融資の審査基準は一般的な銀行融資より緩かった。

機構の調査では計162件の不正利用が確認された。だが、この件数は特定の住宅売り主や不動産仲介業者が関わった案件を調査対象としたもの。実際にはもっと多くの不正利用が潜んでいると指摘する業界関係者は多い。

機構は不正利用者に対し、融資金額の一括返済を求めている。もし一括で返せない場合は、物件売却後、分割で残額の返済を求める。

■ 住宅ローン不正利用問題の全容

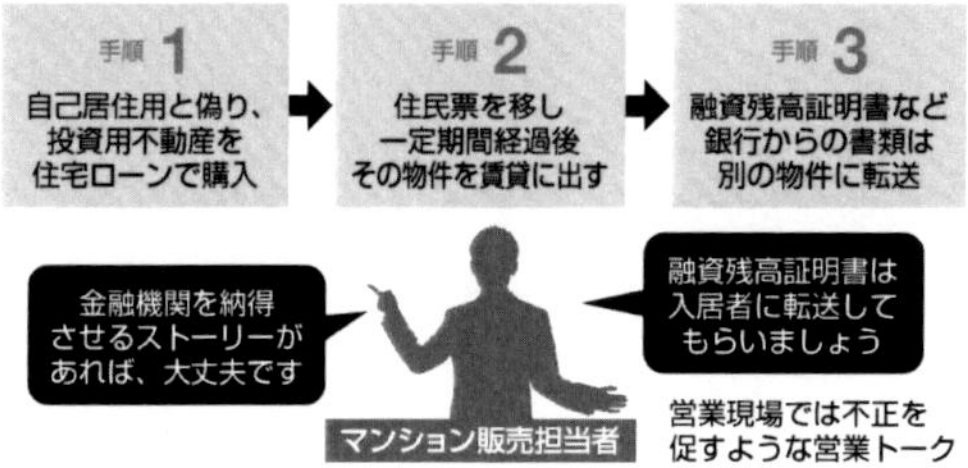
手順 1
自己居住用と偽り、
投資用不動産を
住宅ローンで購入
手順 2
住民票を移し
一定期間経過後
その物件を賃貸に出す
手順 3
融資残高証明書など
銀行からの書類は
別の物件に転送
金融機関を納得
させるストーリーが
あれば、大丈夫です
融資残高証明書は
入居者に転送して
もらいましょう
マンション販売担当者
営業現場では不正を
促すような営業トーク

銀行の住宅ローンも？

機構は不正に厳しく対処する方針を示したが、同じ方法を用いた不正は、銀行の住宅ローンにも潜んでいる可能性が高い。

ある地方銀行の住宅ローン営業担当者は「賃貸経営用の可能性を感じながらも、住宅ローンとして融資したことは何度かある」と明かす。銀行の住宅ローンも自己居住者向け融資。賃貸経営用なら投資用不動産ローンでなければならない。当初から賃貸目的で住宅ローンを借りたことが発覚すれば一括返済や投資用への借り換えが必要になる。だが、投資用になると金利が上がり他行に顧客を取られかねない。そこであくまでも住宅ローンとして融資するというのだ。

このような住宅ローンの目的外利用は、2018年にスルガ銀行のシェアハウス向け融資問題が発覚したことで拍車がかかっているとみられる。発覚後、投資用不動産ローンへの各行の審査は厳しくなった。専属部隊しか扱えないようにした銀行もある。従来なら投資用も扱えていた住宅ローンの営業担当者は「ノルマを達成するために、投資用かもと思いつつも自分の扱える住宅ローンとして融資するしかない」と複雑な胸中を吐露する。

マンションの販売現場では、今も変わらず住宅ローンの不正利用を促すような営業トークが繰り広げられている。

記者は19年冬から年初にかけて都内のモデルルームを巡った。複数箇所で提示されたのは、賃貸に出すことを前提にした融資の返済試算表だ。

賃貸に出しても大丈夫なのかと質問すると、大半の営業担当者は「金融機関を納得させるストーリーがあれば大丈夫」と言ってのけた。住宅ローンはあくまでも自己居住物件への融資。ただ、居住後に転勤や家族の介護など、やむをえない理由があって、しかもその後に融資住宅に戻ってくるのであれば、住宅ローンを借りたまま、一時的に賃貸に出すこともできる。これを悪用し、購入後すぐにやむをえない理由が発生したとして賃貸に出すという技を営業担当者が伝授しているのだ。

また、こんな手法を耳打ちする営業担当者もいた。「賃貸に出した後、入居者にゆうパックを渡し、自分へ転送してもらうようにすればいい」。住宅ローンは融資を受けてから年1回、残高証明書などの書類が届く。その住所に住んでいないと、書類が返送され、居住していないことがばれてしまう。金融機関に知らせないまま賃貸に出したときは、ゆうパックを渡して入居者に転送してもらうようにしておけば、自己居住を装うことができますよ、というのだ。

もし賃貸に出す目的で住宅ローンを利用していたことが明らかになれば、不正利用として金融機関に一括返済を求められるはずだ。

厳格化の動きが加速

不正表面化により借り手への影響が出始めている。機構は、フラット35の不正再発防止に取り組み始めた。20年4月から、融資を受ける人は金融機関と面談した際に、融資物件を賃貸には出さないという署名・捺印をしなければならなくなった。また、これまでは転送可能だった融資残高証明書を20年度分から転送できなくした。

さらに、不正利用が行われた人の属性を機構が金融機関に伝えることで、ほかに不正利用がないかチェックを強化している。その属性とは、20~30代前半の単身者、年収300万~400万円の会社員、購入しているのは中古住宅で1000万~2000万円程度の物件、東京近郊のファミリータイプ、購入後に金融機関から多目的ローンの借り入れをしている、など。これらを基に金融機関は該当しそうな人を電話や現地訪問などで居住確認している。

フラット35は20年4月から制度も変わる。影響が大きいのは、年収に対する返済額の比率である返済負担率の計算対象に、賃貸予定または賃貸中の住宅ローンの返済額も追加されること。

フラット35は現状、返済負担率の上限が年収400万円未満なら30%、年収400万円以上では35%となっている。つまり年収400万円なら年間返済額は140万円以下でなければならない。

これまで、購入する物件とは別に住宅ローンがあっても、その返済額は考慮しなくてよかった。しかも、区分所有での不動産投資を行っている場合も、ローンの返済額と賃料収入とが相殺され、返済負担率には影響しなかった。つまり、フラット35は複数の物件を入手したい不動産投資家にとって、格好の融資商品だったのだ。

だが、4月以降は、不動産投資家がフラット35を利用して自己居住用住宅を購入しようとすると、借りられる額がそれまでよりも減るだろう。

また、住み替えで売却する物件についてのローンの取り扱いも変わる。ローン残高が売却価格を上回る場合には、そのローン返済額も返済負担率の計算で考慮しなければならなくなる。さらにセカンドハウスを取得するために既存のローンに加えて二重に借り入れすることも禁止される。4月以降、フラット35を利用できなくなる人が増える見通しだ。

機構の市村真業務企画グループ長は「銀行と比べ劣っていたところを銀行並みに変えただけ。これによってフラット35を利用できなくなる人は既存利用者の1％もいないのではないか。ただ、悪用しようとする人を減らすという効果はあるはず」と語る。

だが、不動産投資を行う人の間では、こうしたフラット35の不正利用はよく知られた手法だった。今回の制度変更の影響は決して小さくない。

銀行も動き出す

銀行は自行の住宅ローンについて現時点でこうした不正を洗い出せていない。「返済が続いていれば融資後の居住がどうなっているかの確認はほとんどしていない」(地方銀行幹部)という。不正があっても返済が滞らない限り自行の業績への影響はないからだ。

国土交通省の調査によれば、17年度の個人向け住宅ローンの貸出件数は76万9976件と膨大だ。確かに1件1件回って居住確認を行うのは難しい。

ただ、未然防止の部分では、審査の強化が進んでいる。賃貸に回されやすいワンルームや独身男性に対する審査を厳しくしたり、「基本的に通さない」としたりする銀行も増えている。フラット35問題を機に、住宅ローン全体で厳格化が進んでいるのだ。

不正発覚を受けて対策を強化

◎実施中の再発防止策
・金融機関面談の際の説明、署名・捺印をルール化
・金融機関向け説明会の開催や審査厳格化の働きかけ
・融資残高証明書を転送不要郵便で送付
・電話や現地訪問など居住確認を強化

◎2020年4月～制度変更
・賃貸予定または賃貸中の住宅ローン返済額を年間合計返済額の対象に追加
・セカンドハウス向けの二重借り入れを禁止
・借り換え融資の借入期間を一部見直し

（出所）住宅金融支援機構

（藤原宏成）

住宅ローンの繰り上げ返済は損?

住宅ローンの返済負担は重い。少しでも利息の支払いは軽減したい。

そこで利用されるのが、「繰り上げ返済」である。返済額軽減型と期間短縮型の2種類がある。軽減型は、返済期間は変わらないが毎月の返済額が減る。短縮型は、返済期間は短くなるが、毎月の返済額はほぼ変わらない。短縮型のほうが支払う利息を減らせる効果は大きい場合が多い。

ただし、繰り上げ返済には注意が必要。住宅コンサルティングサービスを提供するMFSの中山田明CEOは「繰り上げ返済はかえって損することもある」と指摘する。

最大のポイントは住宅ローン減税だ。住宅ローンを借り入れて住宅の新築・取得または増改築などをした場合、年末ローン残高の1%を所得税や住民税から10年間控除できる。2020年末までに契約した場合、控除期間が3年延長され、13年間となる。

現在、住宅ローンの金利は年1%を切る水準にある。借入残高などの条件にもよるが、ローン金利が1・0%を下回るなら焦って繰り上げ返済をするのではなく、住宅ローン減税の控除期間が終わってから繰り上げ返済をしたほうが得になることが多い。

また、借入残高が少ない中で期間短縮型の繰り上げ返済をすると、「返済期間10年以上」という住宅ローン控除の条件を満たせなくなることがあるので注意が必要だ。

破格の保険もメリット

住宅ローン控除の期間が終わっても、借り続けることで得られるメリットもある。

住宅ローンは団体信用生命保険への加入が条件になっているものが多い。団信とは、住宅ローンの返済途中で契約者が死んだときに、保険金で住宅ローンの残りを支払う保険のこと。

団信の保険料は住宅ローン金利に含まれていることが多く、その水準は不明だ。しかし、団信加入が任意になっているフラット35で推測すると、年0・2%程度の負担。3000万円の借り入れの場合、月5000円程度となる。

生命保険文化センターの調査によれば死亡保険のほか医療保険なども含めた保険料の世帯平均の支払いは月3万円程度。おそらく通常の死亡保険より団信のほうが保険料は安いとみられる。もしも繰り上げ返済をして住宅ローンを早く完済すると、団信の保障は受けられなくなる。

このように、繰り上げ返済は利息負担の軽減というメリットはあるものの、住宅ローン控除など、それを上回るプラスもある。繰り上げ返済は、実質的な効果を計算したうえで判断したほうがよい。

【週刊東洋経済】

本書は、東洋経済新報社『週刊東洋経済』2020年3月14日号より抜粋、加筆修正のうえ制作しています。この記事が完全収録された底本をはじめ、雑誌バックナンバーは小社ホームページからもお求めいただけます。

小社では、『週刊東洋経済eビジネス新書』シリーズをはじめ、このほかにも多数の電子書籍ラインナップをそろえております。ぜひストアにて「東洋経済」で検索してみてください。

『週刊東洋経済eビジネス新書』シリーズ

No.316　中国が仕掛ける大学バトル

No.317　沸騰！再開発最前線

No.318　ソニーに学べ

No.319　老後資金の設計書

No.320　子ども本位の中高一貫校選び

No.335　ＥＣ覇権バトル
No.336　検証！　ＮＨＫの正体
No.337　強い理系大学
No.338　世界史＆宗教のツボ
No.339　ＭＡＲＣＨ大解剖
No.340　病院が壊れる
No.341　就職氷河期を救え！
No.342　衝撃！　住めない街
No.343　クスリの罠・医療の闇
No.344　船・港　海の経済学
No.345　資産運用マニュアル

週刊東洋経済eビジネス新書　No.346
マンションのリアル

【本誌（底本）】
編集局　一井　純、藤原宏成
デザイン　杉山未記
進行管理　下村　恵
発行日　2020年3月14日

【電子版】
編集制作　塚田由紀夫、長谷川　隆
デザイン　市川和代
制作協力　丸井工文社
発行日　2020年11月2日　Ver.1

発行所　〒103-8345
東京都中央区日本橋本石町1-2-1
東洋経済新報社
電話　東洋経済コールセンター
03(6386)1040
https://toyokeizai.net/
発行人　駒橋憲一

電子書籍化に際しては、仕様上の都合などにより適宜編集を加えています。登場人物に関する情報、価格、為替レートなどは、特に記載のない限り底本編集当時のものです。一部の漢字を簡易慣用字体やかなで表記している場合があります。本書は縦書きでレイアウトしています。ご覧になる機種により表示に差が生じることがあります。

※本刊行物は、電子書籍版に基づいてプリントオンデマンド版として作成されたものです。